Nikolai de Treskow

Die Hohe Kunst der Verführung

Liebe und Lust nach den Spielregeln
der mittelalterlichen Minne

Campus Verlag
Frankfurt/New York

Die Deutsche Bibliothek – CIP-Einheitsaufnahme

Treskow, Nikolai de:
Die Hohe Kunst der Verführung: Liebe und Lust nach den
Spielregeln der mittelalterlichen Minne / Nikolai de Treskow. –
Frankfurt/Main; New York: Campus Verlag, 1997
ISBN 3-593-35808-5

Umschlaggestaltung: Guido Klütsch, Köln
Umschlagmotiv: Portraitfoto des Autors, © eastwest records
Satz: Fotosatzstudio »Die Letter«, Hausen/Wied
Druck und Bindung: Friedrich Pustet, Regensburg
Gedruckt auf säurefreiem und chlorfrei gebleichtem Papier.
Printed in Germany

Für Martina

»Das Mittelalter ist ewig.«
Alban Nikolai Herbst

Inhalt

7

Vor-Spiel

Nachdem ich schon sehr früh in der Pubertät die Hoffnung aufgeben mußte, daß mir noch ein Adoniskörper wachsen werde, und ich mich mit der Erkenntnis abgefunden hatte, daß mich die Familie offenbar mit einer zu langen adligen Nase und abstehenden Ohren gestraft hatte – ich sah als Kind einem Windhund zumindest nicht unähnlich –, war ich gezwungen, andere Wege zu suchen, Frauen für mich zu begeistern.

Ich entdeckte die Musik. Obwohl ich am Anfang nicht viel mehr als die üblichen drei Griffe auf der Gitarre beherrschte, fand ich hiermit ein starkes Ausdrucksmittel, das – wie ich zu meiner Freude feststellte – die Frauen mehr beeindrucken konnte als ein schickes Auto oder die Kraftsprüche der coolsten Typen. In der erotischen Atmosphäre, die sich häufig einstellte, bekam ich eine Ahnung davon, daß Sexualität mehr sein kann als nur die ersten drei Buchstaben des Wortes und daß die Phase des Umwerbens und des miteinander Spielens einen ungeheuren Reiz birgt.

Während meines Studiums alter Musik in Straßburg entdeckte ich dann eine phantasievolle, erotische Kraftquelle,

die mein Leben nachhaltig beeinflussen sollte: die mittelalterliche Minne – ein Spiel mit der sexuellen Spannung und das Werben um eine Frau mit den fast vergessenen Verführungskünsten aus einer fernen Zeit. Vor circa 800 Jahren war diese Form der Liebeskunst über das arabisch besetzte Südspanien nach Frankreich gelangt. Von dort startete sie einen sanften Eroberungszug durch halb Europa. Der Hintergrund war ganz pragmatischer Natur: Männer sollten lernen, die Frauen zu achten und ihnen würdevoll zu begegnen, Begierde sollte sich in Begehren verwandeln. Nur wer sich bildete und die Kunst des Werbens perfekt beherrschte, durfte darauf hoffen, von den Frauen erhört zu werden.

In der damaligen Gesellschaft gab es nur die eheliche Zweckgemeinschaft oder bloße Triebbefriedigung – nun aber war auf einmal die Liebe erfunden. Plötzlich zerbrach man sich die Köpfe über das, was diese edelste Form der Beziehung zweier Menschen wohl ausmachte. Es entwickelte sich eine umfassende Liebeskultur, und der Flirt wurde zum neuen Zeitvertreib.

Heute fristet die Minne in eher trockenen Dissertationen und auf literaturtheoretischen Kongressen ein Schattendasein. Mehr als der Name Walther von der Vogelweide fällt kaum jemandem dazu ein. Auch das Lexikon gibt nicht allzu viel Aufschluß. Und das, obwohl mit dem Minnesang die Hohe Kunst der Verführung das Licht der Welt erblickte. Auf einmal bewegte sich noch der ungehobeltste Ritter auf eleganten Freiersfüßen, und das Tor zum Venusgarten stand weit offen.

Dieses Buch soll dazu einladen, diesen mittelalterlichen

Garten der Liebe zu erkunden. Heute gilt es zu entdecken, was davon in unser scheinbar so unendlich weit entferntes Jahrhundert herüberzuholen ist. Wir werden alte Rituale des Werbens kennenlernen, die kribbelnde Erotik des Vor-Spiels sowie den Ausbruch aus festgelegten Geschlechterrollen. Außerdem erhalten wir eine Ahnung davon, daß es Gesellschaften gab, in denen es lustvoller zugegangen sein mag, als wir das heute zu träumen wagen.

Mein Zugang zur Minne mag vielleicht unkonventionell erscheinen. Statt mich jahrelang in Studierstuben zu vergraben, um zu versuchen, wissenschaftlich unumstößliche Wahrheiten ans Tageslicht zu bringen – nach 800 Jahren ein meines Erachtens sowieso kaum einlösbares Unterfangen – habe ich mich von den mittelalterlichen Quellen eher inspirieren lassen. Es ist zweifellos das Verdienst der Historiker und Literaturwissenschaftler, diese Quellen wissenschaftlich interpretiert, kontrovers diskutiert und dafür gesorgt zu haben, daß sie der Nachwelt überliefert sind. Meines Erachtens bergen sie aber wesentlich mehr als literatur- und musikwissenschaftliches Untersuchungsmaterial. Nach meiner Auffassung handelt es sich bei der Minne um einen einzigartigen Liebeskult, der bis heute nichts von seiner erotischen Kraft eingebüßt hat. Oder besser: Die Minne könnte uns zu Diensten sein, wenn wir uns wieder darauf besännen, wenn wir anerkennen würden, daß sich manches, womit sich unsere Vorfahren beschäftigten, mit unserer Gegenwart durchaus vertragen kann.

Wer heute sucht, findet Hunderte von Büchern, die mit Tips und Tricks aufwarten, um die sexuelle Lust wieder in

Schwung zu bringen. Das permanente Empfinden, daß irgend etwas fehlt, hat sich selbst mit den ausgefallensten Zerstreuungsmöglichkeiten nicht verscheuchen lassen. Man nehme ein bißchen Esoterik, eine Portion Vulgärphilosophie und eine Prise fernöstliche Weisheit – fertig ist die neue Glücksrezeptur. Davon lebt eine ganze Industrie, und nicht einmal schlecht. Und dabei ist eigentlich alles schon da. Wir brauchen nur den Blick ein paar Jahrhunderte zurückschweifen zu lassen. Leider sind wir eine nach vorne orientierte Gesellschaft. Was soll der alte Kram uns heute also noch sagen?

Sicherlich ist es ungewöhnlich, sich auf eine Zeit zu besinnen, die schon in der Schule mit dem Begriff »finster« bezeichnet wird. Aber ist eine solche Rückbesinnung tatsächlich so außergewöhnlich? Haben sich unsere Lehrer nicht bemüht, uns eine Ausbildung angedeihen zu lassen, die man »klassisch« nennt? Lernen wir Geschichte nur zum Vergnügen oder um besser verstehen zu können? Es kann also sinnvoll sein, auch in unserer Zeit hin und wieder den Blick zurückzuwenden.

Von der Rückbesinnung auf die Minne könnten – so meine Überzeugung – Männer wie Frauen profitieren. Nicht nur in Paarbeziehungen, sondern auch allgemein im Umgang miteinander: In unserem Leben würden mehr Höflichkeit, aber auch mehr Lust und Erotik Einzug halten. Insofern betrachte ich die damalige Kultur als eine Art Schatzkiste, aus der sich noch heute das eine oder andere wertvolle Kleinod bergen läßt.

Ich selbst habe mich entschieden, in die Fußstapfen mei-

ner mittelalterlichen Kollegen zu treten, um der Minne wieder zu mehr Geltung zu verhelfen. Heute bin ich als der einzige moderne Minnesänger im deutschsprachigen Raum in Sachen öffentlicher Flirt sowie neuer Formen der Höflichkeit und vor allem neuer Formen des Werbens um eine Frau unterwegs. Außerdem arbeite ich an der Übertragung der damaligen Musik in die Klangwelten unseres Jahrhunderts.

Aber keine Angst! Es soll hier nicht darum gehen, möglichst viele Nachfolger zu finden und sie mit Strumpfhosen an den Beinen und Harfe in der Hand auf Verführungstour zu schicken – obwohl dies durchaus seinen Reiz hat. Mir kommt es darauf an, dem Flirt, das heißt, der nicht auf den Akt fixierten Sexualität, zu neuem Ansehen zu verhelfen – und phantasievoll verführen kann man auch im Anzug oder in Jeans.

Lassen Sie uns in diesem Buch also einen Blick zurück ins 12. und 13. Jahrhundert werfen, um zu sehen, welche Wunderdinge in Sachen Liebe sich da zugetragen haben. Lassen Sie uns entdecken, welche Welten wir uns heute mit dem erotischen Schlüssel von gestern eröffnen können.

An dieser Stelle möchte ich mich zunächst aber noch bei denen bedanken, die zum Gelingen dieses Buches beigetragen haben, und all meinen Freunden, die mir helfen wollen, mein Ziel zu erreichen: den Mythos der Verführung wieder aufleben zu lassen.

Nikolai de Treskow

Kapitel 1

Keine Lust auf Lust?

Fast alle Menschheitsträume haben sich in diesem Jahrhundert erfüllt: Wir haben den Luftraum erobert und können den Vögeln auf die Flügel spucken, wir hinterlassen unsere Fußstapfen auf dem Mond und kommunizieren via E-Mail und Internet mit den entlegensten Orten der Erde. Das Leben, zumindest in vielen Teilen Europas, ist luxuriöser geworden und vielfältiger. Und trotzdem vermelden die Zeitschriften »Keine Lust auf Lust?« Das Fragezeichen am Schluß ließe sich getrost in ein Ausrufezeichen verwandeln.

Der Traum von paradiesischer Liebe und Lust bleibt bis heute unerfüllt. Vor 30 Jahren noch – in der Euphorie der 60er Jahre – hätten wir vielleicht eine andere Bilanz gezogen: Damals wurde die Sexualität von einigen Zwängen befreit. Sie fand nicht mehr heimlich unter der Bettdecke statt, sondern war zentraler Bestandteil des gesellschaftlichen Umbruchs. Sexuelle Befreiung hieß, der Sexualität einen unübersehbaren Platz im öffentlichen Raum einzuräumen, Tabus zu brechen und konservative Moralvorstellungen als überholt zu erklären. Man liebte sich, weil es Spaß machte

und nicht, um seine eheliche oder staatsbürgerliche Pflicht zu erfüllen. Monogamie galt als langweilig und als Stützpfeiler einer überkommenen Ordnung. Statt dessen war die freie Liebe eingeführt und damit auch das Frei-Sein von Verbindlichkeiten, von Verpflichtungen und Bindungen. Die neue Spielregel: »Wer mehr als einmal mit derselben pennt, der fördert das Establishment!« konnte jedoch nicht der Weisheit letzter Schluß sein.

Deshalb war es auch nicht verwunderlich, daß zuerst einzelne weibliche Stimmen, später ein unüberhörbarer Chor Zweifel anmeldeten, ob diese sexuelle Revolution Männer und Frauen in gleichem Maße befreie.

Was die »Revolutionäre« ausgeblendet hatten, war für die Minnesänger des Mittelalters kein Geheimnis: Sexualität ist mehr als Sex. Die Wettkampf-Haltung »Wer-wie-oft-mit-wievielen« konnte auf Dauer nicht befriedigen – zumindest nicht aus weiblicher Sicht. Wo es als verpönt und rückständig galt, sich in einen Menschen zu verlieben, ihn phantasievoll zu umwerben und sich Zeit für eine erste Annäherung zu lassen, mußte der Traum von der sexuellen Befreiung zerplatzen.

Was folgte dann? Die Männer trösteten sich mit gutbezahlten Jobs und dem Grundstein fürs künftige Haus mit Garten. In der Partnerschaft griff man – mangels Alternativen – auf die traditionellen Elemente zurück, die man noch aus der Elterngeneration kannte. Der ans Licht gezerrten Sexualität aber bemächtigte sich das marktwirtschaftliche Prinzip.

Heute – 30 Jahre später – begegnet uns das Sexuelle an

jeder Litfaßsäule. Magazine, Illustrierte und allen voran die Boulevardpresse sowie das Privatfernsehen – sie alle profitieren vom Geschäft mit der nackten Haut. Befreiung wurde und wird gleichgesetzt mit Freizügigkeit. Alles scheint erlaubt. Vielfach abgelichtete Offenheit suggeriert Tabulosigkeit. Noch immer scheint der weibliche Körper die attraktivste Werbefläche der Welt zu sein, und dementsprechend uneingeschränkt wird er vermarktet. Aber Sexualität und Erotik gehorchen nicht dem ökonomischen Prinzip. Sie ereignen sich nur da, wo wir mit Leib und Seele dabei sind.

Lust-Ersatz und Fernbefriedigung

Christliches Anstandsbewußtsein und daraus abgeleitete Benimmregeln hatten die Sexualität lange Zeit in die Schmuddelecke verbannt. Sexualität galt als etwas Unanständiges, über das man schamvoll hinwegsah und -schwieg. In unserem Jahrhundert hat sich das radikal verändert. Jetzt liegt die Sexualität auf dem Seziertisch der Öffentlichkeit. Was noch frühere Generationen als »Ausdrücke« nicht in den Mund zu nehmen wagten, wird heute in jedem Kreuzworträtsel abgefragt. In deutschen Wohnzimmern spricht man scheinbar leicht und tabulos über sämtliche Sexualpraktiken, während im Fernsehen versucht wird, Quote zu machen: Man zappt sich durch die »Lust-Ersatz-Kanäle« und wird fernbefriedigt.

Das Geheimnis und die Andeutung sind ganz zentrale

Elemente einer spannungsgeladenen Sexualität. In der mittelalterlichen Liebeskunst machte man daraus einen Kult. Heute aber herrscht Zeitdruck. Keine Zeit für Geheimnisse, keine Zeit, Verborgenes zu entdecken. Was nicht zum sofortigen Gebrauch geeignet ist, erfährt keine Beachtung. Dabei wissen wir, daß das Wesen dieses tiefen, aufregenden, vielleicht auch sterbensunglücklichen Gefühls, das wir bisweilen Liebe nennen, so nicht zu erfahren ist. Wie auch das Aufzählen der Einzelbestandteile einer wunderschönen Rose keine Ahnung von der Schönheit des Ganzen vermitteln kann.

In dem Maße, wie die Verschwiegenheit in Sachen Sexualität mit dem Megaphon vertauscht wurde, haben wir einen Schutzpanzer um uns gezogen und beobachten, wie die Spirale immer höher gedreht wird, um der Abstumpfung entgegenzuwirken. Was haben Telefonsex, Cyberromanzen und Wa(h)re Liebe mit unserem Erleben von Liebe und Sexualität zu tun? Je mehr das Thema öffentlich durchexerziert wird, desto stärker machen sich individuelle Orientierungslosigkeit und Hilflosigkeit breit. Hinter einem sprachlichen Schutzwall, der Abgeklärtheit signalisieren soll, verbirgt sich große Unsicherheit. Und die – wenn auch nur selten eingestandene – Sehnsucht nach dem großen, ehrlichen Gefühl.

Von Fischen und Fahrrädern

Egal, welche Fortschritte die Menschheit erreicht hat, die Formel für eine erfüllte Sexualität und Partnerschaft ist noch nicht gefunden. Genausowenig gibt es ein Patentrezept, um sich einem Menschen, den wir anziehend finden, zu nähern. Zwar gibt es inzwischen eine ganze Industrie, die sich das vermeintliche Glück der trauten Zweisamkeit auf die Fahnen geschrieben hat – aber die Vielzahl an Ratgebern, die Paartherapeuten und all die Singleparties, die landauf landab veranstaltet werden, zeigen eher, daß es eine unerfüllte Sehnsucht gibt. Und wenn es wirklich darum geht, daß der Fisch sein Fahrrad findet, müssen Mann wie Frau die Sprache des Herzens verstehen.

Dies ist schwierig in einer Zeit, in der viele Sicherheiten weggebrochen sind. Fieberhaft investieren wir in unsere Karrierechancen, lassen uns von einem Ort zum anderen versetzen, und abends hocken wir alleine vor dem Fernseher. Meine Beobachtung ist die: Der aufgeklärte, geistig wie körperlich gut trainierte Mann kennt sich zwar gut in seinem Job aus, ist ambitioniert und steht mit beiden Beinen im Leben, die Kunst aber, eine Frau in sich verliebt zu machen und die Spannung über Tage, Monate oder Jahre zu halten, hat er vergessen oder gar noch nie gekannt.

Wer heute ein beliebtes Stadtmagazin aufschlägt, findet in der Rubrik »Kontakte« mit Sicherheit eine Anzeige der Art: »Bitte melde dich. Du standst im Supermarkt letzte Woche direkt hinter mir. Als ich mich kurz umdrehte, hast du mich angelächelt. Du hattest ein rotes Kleid an. Ich wür-

de dich gerne kennenlernen.« Warum so umständlich? Warum auf diesem Weg? Sicher, der erste Schritt ist immer der schwerste. Hätte nicht alles, was man in dieser Situation sagen konnte, fürchterlich dumm geklungen? Also: Lieber cool und unberührt bleiben als zurücklächeln. Heute läßt sich die Kunst der Verführung auf folgenden Nenner bringen: »Jetzt ignoriere ich sie schon seit einer geschlagenen halben Stunde, und sie hat es immer noch nicht bemerkt.«

Kommt es dann doch zum Gespräch und zu einem ersten Kennenlernen, geht es gleich darum, Nägel mit Köpfen zu machen: »Gehen wir zu dir oder zu mir?« Wir lieben uns, ohne uns vorher zu verlieben.

Diese Art miteinander umzugehen zeigt uns durchaus als Kinder unserer schnellebigen Zeit. So vieles in unserem Leben spielt sich an der Oberfläche ab. Die allseits mit Eifer verwechselte Hektik trägt dazu bei, uns mit flüchtigen Reizen zu bescheiden, uns immer wieder abzuhalten, länger bei einer Sache zu verweilen. Drachenfliegen, Sky-Surfen, Klettern ohne Seil und Haken verschaffen uns heute den kurzfristigen Adrenalin-Kick – und das Gefühl, lebendig zu sein. Darüber hinaus haben wir gelernt, effizient zu sein, eine begonnene Sache zum Abschluß zu bringen.

In den Hunderten von Spielfilmen, in denen es um Liebe und Leidenschaft geht, wird es genauso vorexerziert: Der erste Kuß. Schnitt – beide lehnen sich glücklich erschöpft im Bett zurück. Oder: Sie winkt ihm am nächsten Morgen im Bademantel ein Goodbye hinterher. Unzählige Variationen, eine Botschaft: Auf A folgt B.

Der Flirt als eigenständige Form der Sexualität ist heute

weitgehend aus der Mode gekommen. Ohne dieses »Spiel mit dem Feuer« aber ist die erste Stufe des Vorspiels, der Reiz und die Faszination der Liebe, nicht zu erklären. Für jeden dürfte klar sein, daß Flirten etwas mit erotischer Spannung, knisternder Anziehung, Kribbeln im Bauch und Aufregung zu tun hat. Es ist eine Spannung, die nicht in ein paar Augenblicken abklingt, wenn man sich erst einmal darauf eingelassen hat. Bevor der Alltag uns wieder einfängt, gibt es diese leichte, spielerische, beschwingte und herrlich kreative Phase, die leider meist viel zu schnell wieder verfliegt. Man fühlt sich unbeschwert – selbst der Weg zur Arbeit wird zum Vergnügen.

Aber wer macht sich noch die Mühe dieses Vergnügens? Heute sind die hehren Ziele und die damit verbundene Praxis eines alle Sinne beherrschenden Liebesspiels zumeist einem »Aufruhr der Hormone« gewichen.

Sexualität bewegt sich im plan- und kalkulierbaren Bereich. Zeit dafür ist, wenn nichts Dringenderes ansteht. Praktiziert wird die auf ihre drei Anfangsbuchstaben reduzierte Sexualität nach vorgegebenem Muster, sogar das Ziel ist definiert. Mit geringfügigen individuellen Variationen passiert in allen Betten dasselbe, und wer noch nicht begriffen hat, wie man »es« richtig macht, kann sich visuell aufklären lassen. Jeder Erotikfilm, der den Konsumenten einigermaßen auf der Höhe der Zeit stimulieren will, zeigt, worauf es im Geschlechterverhältnis ankommt: Man hat als Mann die Frau möglichst schnell rumzukriegen. Subtile Methoden der Annäherung, Verführungskunst und das Gemüt erhitzende Flirts – alles ist gestrichen aus dem Instru-

mentarium des Liebesreigens zugunsten zeitgemäßer Effizienz. Auch die Worte dafür sind abhanden gekommen. Heute flirtet man nicht mehr, sondern je nach Temperament baggert man an oder reißt auf. Schnelle Entschlüsse ohne lästigen Gefühlsballast führen dahin, wo es unverzüglich zur Sache geht. Bequem ist solcher Sex nach Normen obendrein – man muß sich nicht mit eigenen Vorstellungen abplagen oder gar etwas erfinden. Eine einmal verinnerlichte Gebrauchsanweisung befolgt man schließlich auch.

Eine Frau kennenlernen, ihr schmeicheln, sie ausführen und dann ins Bett – selbst wenn beide in diesem Augenblick glücklich sind – die Tristesse des Alltags wird sie schon sehr bald wieder einholen. Wir kennen alle das Märchen vom Dornröschen: Der Prinz hatte die Dornenhecke durchbrochen, die Schlafende wachgeküßt, das halbe Königreich gewonnen. Doch sehnte er sich nicht bald nach der Fee, die seine Frau wieder in den Tiefschlaf versetzen würde?

Statt sich zu bemühen, den spannenden, aufwühlenden, alle Sinne umfassenden und letztlich paradiesischen Zustand des Verliebens und Verliebtseins, der Verzauberung über Tage, Wochen oder Monate zu erhalten, setzen wir alles daran, schon bald die Ernüchterung folgen zu lassen. Trennungen sind damit meistens vorprogrammiert.

Und was, wenn die Liebe doch länger als drei Tage hält? Was, wenn sie gar vor dem Traualtar besiegelt wird? Dann kehrt häufig die Langeweile ein. Weil Verführung mißverstanden wird als eine Investition, die nur »vor dem ersten Mal« zu tätigen ist. Mit seiner langjährigen Partnerin flirten? Das paßt irgendwie nicht zusammen. Sobald man sich

des anderen sicher ist, hat die Anstrengung ein Ende. Die Minnesänger hätten nur den Kopf geschüttelt. Denn die Hohe Kunst der Verführung bedeutet: ein Leben lang die Spannung zu erhalten, einander immer wieder neu zu entdecken und sich zu verlieben, dabei aber genügend Distanz zu wahren, um den Respekt voreinander nicht zu verlieren.

Die Angst vor der Verführung

Beim Wort »Verführung« schrickt man unwillkürlich zusammen: Willenlosigkeit oder Ohnmacht scheinen zu drohen. Man ist in solch einer Situation vielleicht nicht mehr Herr (oder Dame) seiner selbst. Seit Casanovas Zeiten schwingt in der Bezeichnung des Verführers auch die des Schwerenöters mit. Was sollte diese Spezies des Verführers anderes sein als ein Lustmolch, der auf leichte Beute aus ist? Verführung begegnet uns auch in der schönen, bunten Warenwelt. Zum Beispiel das Telefonmarketing. Was anderes als eine Art der Verführung wird da betrieben, um dem nichtsahnenden Opfer am anderen Ende der Leitung ein Produkt schmackhaft zu machen, das mit Sicherheit nicht zu seinen Lebensnotwendigkeiten gehört? Auch hierbei spielt ein Geheimnis eine nicht zu unterschätzende Rolle, allerdings ein offenes: Man buhlt um das Geld des Kunden. Welches Produkt ihm die Scheine aus der Tasche ziehen soll, ist für die Strategie der Telefonzeremonie völlig ohne Bedeutung.

Diese Arten zu verführen gibt es natürlich, was ich aber

unter Verführung verstehe, ist das in beiderseitigem Einvernehmen geschehende Spiel der Geschlechter, das nicht auf Überrumpelung und bloße Körperlichkeit aus ist, sondern – auf alte-neue Art immer wieder faszinierend wie beim ersten Mal – seinen besonderen Reiz daraus zieht, daß Nähe gegeben und Distanz gehalten wird. Vorausgesetzt, man beachtet die Regeln, die jedes Spiel erst zum Spiel machen und ihm seinen besonderen Reiz verleihen.

Die Hohe Kunst der Verführung ist gleichzusetzen mit der Liebeskunst des Flirts. Wer diese beherrscht, weiß, daß es sich lohnen kann, den Weg als Ziel zu erklären. Für den modernen Minnesänger, der die Sexualität nicht allein auf den Akt reduziert, ist nicht nur der Umgang mit seiner Herzensdame aufregender, weil täglich neu zu inszenieren, sondern auch die Beziehung zu Freundinnen, Kolleginnen, zur Nachbarin oder der Unbekannten, der wir auf einer Party begegnen.

Ein Spiel mit offenem Ausgang

Die Praktiken der Minne, um die es hier geht, mögen zunächst vielleicht fremd erscheinen. Wie soll man durch »Mäßigung«, durch den »Pfeil des Auges«, durch Mut und Beständigkeit eine Frau betören, die im 20. Jahrhundert lebt? Keine Frage: Der Versuch, in der Erinnerung an die Minne mit mittelalterlichen Werbekünsten eine Frau zu betören, fällt sicherlich aus dem Rahmen des Üblichen. Man

wird uns mit unseren etwas anderen Bemühungen, Gehör zu finden, aber auch nicht für einen Außerirdischen halten, den es aus einem anderen Sonnensystem auf die Erde verschlagen hat. Immerhin bedienen wir uns einer rituellen Sprache, die allgemein verstanden wird – schließlich entstammt sie unserem Kulturkreis und hat einmal konstituierend gewirkt; Rudimente haben sich bis heute erhalten und leben in unserem Alltag fort, ohne daß es uns recht bewußt ist; einen ähnlichen Effekt kennen wir von Sprichwörtern, deren übertragene Bedeutung in jedermanns Munde ist, während die ursprüngliche sich versteckt hält.

Schließlich verführen und inszenieren wir täglich: Die Art, wie wir uns kleiden, wie wir gehen, sitzen, stehen, welche Automarke wir bevorzugen, was wir essen und was nicht, wie wir reden, wie wir uns am Telefon geben – all das sind Inszenierungsbausteine. Das meiste davon geschieht unbewußt, denn wir folgen nur zu oft gewohnten Automatismen. Ein erster Schritt in die neue Richtung sollte deshalb darin bestehen, daß wir aufmerksamer und selbstkritischer hinter den Sinn der einzelnen Komponenten zu kommen versuchen – wir dürfen sicher sein, einiges zu entdecken, das manches Rätsel im Alltag löst.

Die Signale der Minne sind deutlich andere als die heute erwarteten: Wir wollen nicht sofort unverrückbare Tatsachen schaffen, sondern ein Spiel spielen, dessen Regeln man nicht vorher gemeinsam besprechen kann nach der Art: »Ich will mit dir flirten, und das geht so.« Daß das Regelbuch nicht auf dem Tisch liegt, macht die ganze Angelegenheit so spannend, weil unsere Partnerin sich einfühlen muß

in das, was wir gemeinsam vorhaben. Und sie muß darauf reagieren. Worauf wir uns verlassen dürfen: Unser Spiel wird uns mit einem Geheimnis umgeben, das das Interesse unseres Gegenübers dauerhaft anstacheln wird. Geben wir uns Mühe, dieses Geheimnis zu bewahren und mit den sich daraus ergebenden Uneindeutigkeiten zu spielen!

Blick zurück

An den mittelalterlichen Höfen zogen mit der Hohen Kunst der Verführung Phantasie und Sinnlichkeit ein. Die Feste waren nicht nur Austragungsorte der öffentlichen Liebeswerbung, sondern auch ein einziger Augen-, Ohren- und Gaumenschmaus. In einer erotisch aufgeladenen Atmosphäre fand man zu völlig neuen Formen des Umgangs miteinander.

Wir Heutigen nehmen uns für das Genießen mit allen Sinnen in unserer 60-Stunden-Woche nur noch wenig Zeit. Briefe haben wir durch Telefonate ersetzt oder durch Faxe. Das Essen genießen wir nicht mehr, sondern bringen es hinter uns, das letzte Fest mit Freunden liegt schon lange zurück. Es ist eigentlich nicht zu verstehen, daß wir derart sorglos mit uns umgehen. Gebannt starren wir auf die vorgegebenen Normierungen, daß wir nur ja nichts falsch machen! Wir lassen uns hetzen und fernsteuern, akzeptieren, daß wir ein Leben aus zweiter Hand führen. Daß das alles eigentlich nicht lustig ist, damit haben wir uns wohl abgefunden.

Übrig bleibt das Gefühl, daß es mehr sein könnte. Der Run auf die fernöstlichen Weisheiten zeigt, daß man nach etwas sucht, von dem man nicht mehr weiß, als daß es rar geworden ist in unserer Gesellschaft.

Vielleicht stehen wir heute an einem Punkt wie vor 800 Jahren, als unter Kaiser Friedrich Barbarossa mit dem großen Kulturprojekt der Minne völlig neue gesellschaftliche Umgangsformen eingeführt werden sollten.

Natürlich erscheinen wir wesentlich zivilisierter als unsere Vorfahren im 12. und 13. Jahrhundert. Wir gehen jeden Tag frisch gewaschen zur Arbeit, benehmen uns manierlich bei Tisch und schlagen auch nicht gleich zu, wenn uns am Nebenmann etwas nicht paßt. In den Dingen der Liebe und Lust, das hoffe ich in den nächsten Kapiteln zeigen zu können, ist im Rückgriff auf das Mittelalter dennoch einiges zu lernen.

So wie im Kultivierungsprojekt vor 800 Jahren sind auch in diesem Buch vor allem die Herren angesprochen. Ganz anders als die Frauen halten sie starr an den etablierten Regeln des Geschlechterspiels fest – kein Wunder, schließlich sind es in erster Linie die männlichen Regeln. Ich hingegen möchte sie auffordern, ihre hinlänglich erwiesene Bequemlichkeit aufzugeben und zu einem neuen Verständnis von Sexualität zu finden – zu einem lustvollen Vor-Spiel, an dem beide Geschlechter ihre Freude haben können. Nicht zuletzt möchte ich sie ermutigen, die Formen der plumpen Anmache aufzugeben, in die Rolle eines modernen Minnesängers zu schlüpfen und Frauen nach allen Regeln der Kunst zu betören.

Jetzt wird es aber Zeit, den Schleier zu lüften und einen genaueren Blick darauf zu werfen, was sich auf der Bühne des Mittelalters mit seinen minnenden Akteuren abgespielt hat.

Kapitel 2

Die mittelalterliche
Liebes-Kunst

Was sich zur Hohen Kunst der Liebe und Verführung entwickeln sollte, war ursprünglich Bestandteil des zur Zeit Kaiser Barbarossas initiierten Projekts, das aus ungehobelten Untertanen kultivierte Menschen mit höfischem Verhalten machen sollte. Die Hochzeit Barbarossas mit seiner Frau Beatrix – Alleinerbin der Freigrafschaft Burgund – im Juni 1156 mag den Ausschlag gegeben haben.

Eine Hochzeit mit Folgen

Wir müssen uns diese Hochzeit als rauschendes Fest vorstellen: Zahlreiche Gäste waren an diesem Tag an den Kaiserhof geladen. Gaukler und Musiker sorgten für das Rahmenprogramm, während in der Küche edelste Speisen und ausgefallene Köstlichkeiten zubereitet wurden. Doch welches Bild muß sich der jungen Braut, wohlerzogen in französischen Landen, geboten haben? Die Gäste griffen mit den Händen in die Schüsseln. Sie schmatzten und rülpsten, daß es einem

den Magen umdrehen konnte, und warfen mit Worten und abgenagten Knochen durch die Gegend, egal, was und wen es traf. Schließlich gingen sie, während der Alkohol in Strömen floß, wegen irgendwelcher Nichtigkeiten mit den bloßen Fäusten aufeinander los. Kein Benehmen, diese Blagen! Gewiß, das Mittelalter war durchaus nicht die Zeit der wohlbehüteten Kinderstuben. Messer, Schwerter und allerlei Gerät zum Hauen und Stechen saßen locker. Was zählte schon ein Menschenleben? Da wäre es wohl ein bißchen viel verlangt gewesen zu erwarten, daß der Ritter sich vor dem Mahle penibel die Fingernägel säubere und darauf Wert lege, bei Tisch ausgesucht gepflegte Konversation zu betreiben. Schließlich war es gang und gäbe, nicht lange zu fakkeln, wenn einem etwas nicht paßte: Messer raus und basta! Körperliche Ertüchtigung galt nicht ohne Grund als eine der Haupttugenden in dieser Zeit. Kein Tag verging ohne Auseinandersetzungen, und für den Herrn in den Krieg zu ziehen war eine Auszeichnung wie heute eine Beförderung in Chefstuhl-Nähe. »Platz da, jetzt komme ich!« – so lautete die Lebens- und Überlebensmaxime. Wer Rücksicht nahm, hatte das Nachsehen.

Ob Barbarossa tatsächlich solch ein Feingeist war, daß ihm diese Verhältnisse den Appetit verdarben, kann nicht belegt werden. Da ihm seine Königs- und Kaiserkarriere nicht an der Wiege gesungen worden war, hatte auch er nur die übliche ritterliche Ausbildung genossen, bei der geistige Nahrung allenfalls als Zubrot galt. Lesen und Schreiben konnte der in Schwaben geborene Staufersproß vermutlich nicht, auch mit dem Latein soll er auf Kriegsfuß gestanden

haben. Nur in seiner Muttersprache, so wird berichtet, habe er sogar außerordentlich beredt parliert. Als mutig und von scharfem Verstand rühmen ihn seine Zeitgenossen. Dichtung, Geschichtsschreibung und Architektur waren ihm nicht gleichgültig, und Mäßigkeit (mâze), die höchste der Rittertugenden, galt ihm mehr als nur das Wort.

Seine Frau Beatrix von Burgund, die er heiratete, als sie gerade im zarten Alter von 12 (nach anderen Quellen 16) Jahren war, wird als außerordentlich schön und anmutig beschrieben. Wie vielen Töchtern des Hochadels im weit mehr kultivierten Frankreich hatte man ihr eine exklusive Bildung angedeihen lassen; sie sprach mehrere Sprachen, war des Lesens und Schreibens kundig und hielt mit Selbstverständlichkeit auf Etikette. Ihre Gönnerschaft für den Dichter Gautier von Arras brachte ihr den Versroman *Ille et Galeron* ein.

Die Hochzeit geriet insofern zu einem Zusammenprall zweier Kulturen. Denn die Braut hatte ein ganz besonderes Mitbringsel in ihrem Reisegepäck: Mit ihr waren französische Troubadours gekommen, die nun ihre Sangeskunst ertönen ließen. So etwas hatten die meisten zuvor noch nicht vernommen. Die Kunst, die die Franzosen an diesem Ehrentag zum besten gaben, bestand aber auch in der Anbetung des weiblichen Geschlechts. Und damit war die Verblüffung komplett. Frauen galten im Reich Barbarossas wenig. Sie sollten der Triebbefriedigung des Mannes dienen, eine Mitgift oder ihre Arbeitskraft in die Ehe einbringen und ansonsten den Haushalt versorgen. Nun aber war plötzlich von edlen Wesen, Schönheit und herzzerreißendem Begehren die Rede. Der atemlosen Stille folgte tosende Begeisterung.

Friedrich Barbarossa mag die Zeichen der Zeit erkannt haben: Er mußte sich – so stelle ich es mir vor – nur umsehen, wie seine Wüteriche von dieser neutönerischen Show in den Bann geschlagen wurden, um zu wissen, wie er sie künftighin Mores lehren konnte: Nicht mit königlichen Erlassen, deren Einhaltung er kaum überprüfen konnte, oder mit leeren, weil unkontrollierbaren Drohungen, sondern einzig und allein mit dem Zauber dieser Sanges- und Betörungskunst.

Wie sehr die Kunst der Troubadoure in Frankreich zur höfischen Gesittung beigetragen hatte, darüber dürfte Barbarossas junge Ehefrau bestens informiert gewesen sein. Und sicher war sie es, die ihm mit Dringlichkeit nahegelegt hat, dieses Instrument für seine politischen Zwecke zu nutzen. Sie soll zumindest einen solchen Einfluß auf ihn gehabt haben, daß er auch »Uxorius«, der seiner Frau Hörige, genannt wurde.

Barbarossa muß auf jeden Fall klargeworden sein, daß seine hochgesteckten politischen Ziele mit ungeschlachten und sich selbst zerfleischenden Untertanen kaum zu realisieren waren. Immerhin hatte er, nachdem ihn die Fürsten zu Frankfurt am Main im März 1152 zum König gewählt hatten, in seiner »Regierungserklärung« verkündet, das Römische Reich »in alter Kraft und Würde« wiedererstehen zu lassen. Das bedeutete nicht weniger als die Rückgewinnung der königlichen Gewalt im alles andere als stabilen Inneren des Landes. Das bedeutete auch die Stärkung des internationalen Ansehens in Europa. Um aber innenpolitisch Sicherheit und Stabilität herzustellen und um mit dem geistig-kulturell füh-

renden Frankreich in Verbindung zu treten, mußten sich die
königlichen Würdenträger zivilisiert zu benehmen wissen.

1155 war Barbarossa nach einigen Querelen in Rom auch
zum Kaiser gekrönt worden. Als Basis nicht zuletzt seiner
eigenen Hausmacht unterstützte er den Zusammenschluß
vieler kleiner Länder. Dazu gehörte aber vor allem auch, die
Landesfürsten und die Bischöfe als die Träger des höfischen
Lebens auf seine Seite zu bringen – wie aber sollte man Menschen unter einem gemeinsamen Dach zusammenführen,
wenn sie sich bei der geringsten Kleinigkeit an den Kragen
gingen? Keine Frage, daß Friedfertigkeit zu einer Grundbe-
dingung wurde!

Sicher gab es selbst bei den hartgesottensten Rittern eine
gewisse Hemmung, unter den Augen des Burgherrn aufeinander loszugehen, daß die Fetzen flogen. Was aber, wenn der
hohe Herr einmal den Blick abwendete? So mußte als Stell-
vertretermacht ein Verwaltungsapparat geschaffen werden.
Dies konnte aber wiederum nur funktionieren, wenn die
Ritter die Beamten nicht als Papiertiger ignorierten und bei
der nächsten Gelegenheit aus dem Weg räumten.

Der Frauendienst war hingegen ein Weg der kulturellen
Einbindung der Ritter ins Reich, der in seiner Einfachheit
besticht. Ohne langjährige Studien in Fächern wie Psychologie und Soziologie und ohne schubladengerechte Theori-
en war ein grandioses Kulturprojekt erfunden. Damit sollten
Schlagetots in zivilisierte Menschen verwandelt werden.
Und tatsächlich versuchten sie in der Folge – wenigstens
einige von ihnen –, sich mit Höflichkeitsgesten zu übertref-
fen, daß es seine Art hatte.

Liebe statt Gewalt

Hatte die Zähmung durch Minnesang in Frankreich Erfolg gehabt, mußte so etwas auch in Deutschland möglich sein. Deshalb wurden Epiker beauftragt, die im deutsch-französischen Grenzland lebten, sich des Minnesangs anzunehmen und ihn in deutschen Landen bekannt zu machen. Lieder wurden übersetzt und Melodien erfaßt. Sänger mußten für ihre spätere Mission ausgebildet werden. Auch Versepen und Romane, die wir heute als Beginn deutscher Dichtung kennen, entstanden in dieser Zeit. Allerdings, eine hundertprozentige Kopie der französischen Kunst sollte es wiederum auch nicht sein. So spitzzüngig und frivol, wie die Troubadours in französischen Landen über die Liebe trällerten, wollten es die auf Kunst bedachten »Minne-Manager« nicht. Die kaum versteckten Anzüglichkeiten gingen den deutschen Kulturbringern schon zu weit.

Minnesang präsentierte sich im deutschen Raum in der Folge eher schwermütig-asketisch, fern jeder Fleischeslust. Die platonische Liebe stand im Vordergrund.

Friedrich von Hausen, Sproß eines einflußreichen rheinland-pfälzischen Ministerialgeschlechts und in hohen Ämtern bei Hofe, nahm die Sache als Kulturbeauftragter in die Hand. Der vermutlich in der Nähe von Mannheim geborene Asket war der richtige Mann für diesen Job: Er wurde der Begründer der Hausen-Schule und verhalf dem deutschen Minnesang mit seinen strengen und erhabenen Klage-, Preis- und Tanzliedern nicht allein zum ersten klassischen Höhepunkt, sondern auch zu einem strengen sittlichen Kodex.

Mitstreiter der ersten Stunde waren »Der von Kürenberg« aus Niederösterreich, der sich allerdings seine Deftig-
keit nicht verbieten ließ – was alle potentiellen »Sponso-
ren« abschreckte. Dietmar von Aist gehörte dazu und Heinrich von Veldeke, bei dem bereits anklingt, was später das
Minne-Markenzeichen werden sollte: die süße, schmach-
tende Liebe. In der Literaturgeschichte ist Heinrich von
Veldeke vor allem mit seiner *Eneas* bekannt geworden, eine
an Vergils *Aeneis* orientierte Roman-Dichtung, die auf aktuelle höfische Gegebenheiten zugeschnitten ist.

Der Mittelalter-Knigge

Die Neukultivierung höfischen Geschlechterspiels folgte festen Regeln und einer allgemein akzeptierten Absprache.
Zu diesem Zweck wurde vom »Kulturbeauftragten« Friedrich von Hausen eine Art »Mittelalter-Knigge« erstellt, in
dem die zu erstrebenden Tugenden der Ritter aufgeführt
waren. Hierzu gehörten selbstverständlich die Tapferkeit, die
im Kampf zu beweisen war. Daneben erhielt aber auch die
Freigebigkeit gegenüber den Armen und Bedürftigen einen
hohen Wert. Außerdem sollte ein perfektes höfisches Auf-
treten angestrebt und ein entsprechendes Verhalten an den
Tag gelegt werden, das zeigte, daß man sich würdig erwies,
bei Hofe unter den Ersten des Reiches zu verkehren. Auch
Gelassenheit wurde verlangt, das heißt, nicht immer auf-
brausend zu reagieren und die Gefühle im Zaum zu halten.

Diese Tugend korrespondierte mit der Mäßigkeit (mâze): Triebbeherrschung und Bescheidenheit. Und wer sich als edler Ritter zeigen wollte, übte sich auch in Beständigkeit (staete) und Treue (triuwe).

Diese Tugenden sollten sich auch als die Grundvoraussetzungen erweisen, um in der Liebeskunst zu brillieren. Was dies mit unserem heutigen Beziehungsleben zu tun haben kann, darauf werde ich im nächsten Kapitel ausführlich eingehen. In der mittelalterlichen Gesellschaft entstand im Gefolge dieser Tugenden zunächst auf jeden Fall ein neuer Trend zur Höflichkeit. So wurde der im Turnier unterlegene »Kollege« von nun an nicht mehr einfach abgestochen, wie es früher üblich war, sondern mit ausgesuchter Höflichkeit behandelt.

Neben einigen anderen Veränderungen im Umgang miteinander waren wohl die Benimmregeln am Hofe besonders erfolgreich: »Iß nicht das Brot, bevor der erste Gang auf den Tisch kommt, sonst wirst du für unbeherrscht gehalten. Stecke nicht ein so großes Stück in deinen Mund, daß die Krumen rechts und links herausfallen, sonst wirst du als ein Fresser angesehen. Schlucke das, was du im Mund hast, nicht herunter, bevor es gut gekaut ist, damit du dich nicht verschluckest. Trinke erst, wenn dein Mund leer ist, sonst hält man dich für einen Säufer. Sprich nicht, solange du etwas im Mund hast«, heißt es in der lateinischen Schrift des Petrus Alfonsi.

In Tannhäusers »Hofzucht« werden die Adligen ermahnt, die abgenagten Knochen nicht wieder in die Schüssel zu legen, nicht mit den Fingern in die Saucen zu greifen, weder

in das Tischtuch noch in die Hand zu schneuzen, nicht in heiße Getränke zu blasen und sich beim Essen nicht über den Tisch zu legen. Mit mehr als 400 Hexametern verhilft Reinerus Alemannicus in seinem »Fagifacetus«, einem ausführlichen Regelwerk zum richtigen Benehmen bei Hofe, seinen Zeitgenossen zu richtigen Tischsitten: Vor dem Tischherrn mit dem Essen zu beginnen gilt als unfein. Man sollte auch freundlich blicken und nicht nur auf die Speisen starren. Vor dem Mahl ist es angebracht, die Kleider zu wechseln, damit kein Ungeziefer über den Tisch krieche. »Manch einer beißt von einer Teigschnitte ab und wirft sie wieder in die Schüssel, wie es die Bauern tun«, empört sich der Verfasser des Mittelalter-Knigge und bestimmt: »Solche Ungesittetheit legen höfische Menschen ab.«

Wer aber wirklich unter Beweis stellen wollte, daß er die Zeichen der Zeit erkannt hatte, der verstand es, der Dame des Hauses den Hof zu machen. Die Minne war das Herzstück des gesellschaftlichen Umerziehungsprogramms.

Es war ein Geniestreich, mit dem Kulturprojekt Minnesang subversiv an das anzuknüpfen, wofür jeder Mensch empfänglich ist: die Sexualität. Der König und spätere Kaiser hätte Tausende reitender Boten durchs Land schicken können, um seine neue Ordnung noch im letzten Winkel des Reiches zu verkünden, er hätte die drakonischsten Strafen bei Mißachtung der neuen Gesetze androhen können – das alles hätte ihm nicht in gleichem Maße weitergeholfen wie die Einbindung der Sexualität.

Von vielen kleinen und großen Fehden war das in kleine Fürstentümer zerstückelte Land zerrissen. Wachsende Ur-

45

banisierung, das auf die bildungswillige Jugend wie ein Magnet wirkende Beispiel Frankreich, aber auch zunehmende Spannungen mit der obersten Geistlichkeit, dem Papst, und Barbarossas Ehrgeiz, der Erste unter den Ersten in ganz Europa zu sein, machten es unumgänglich, die Königsmacht auch auf die Edlen des Reiches zu stützen. Die kluge Innen- und Außenpolitik, die ihm heute die Geschichtsbücher nachrühmen, wäre von vornherein zum Scheitern verurteilt gewesen, hätte Barbarossa seine Ritter nicht in den Griff bekommen.

Die hochmittelalterliche Gesellschaft gründete sich auf das Lehenswesen: Könige vergaben Lehen, also Land, Ämter und Privilegien an ihre adlige Gefolgschaft; gefordert waren dafür Treue und Hilfe im Kriegsdienst, beispielsweise bei den Kreuzzügen. Die Belehnten wiederum vergaben ihrerseits Lehen an ihre Untervasallen. Man sieht, der Zusammenhalt der Gesellschaft basierte einzig auf persönlichen Beziehungen. Neben dem Dienst für den Lehnsherrn und die Kirche hatte der Ritter idealerweise Minne- und Frauendienst zu leisten. Eine Verpflichtung dazu gab es zwar nicht, aber wer auf sich hielt, begnügte sich nicht mit Waffengerassel und anderen Grobschlächtigkeiten.

Liebe nach allen Regeln der Kunst

Was hat man aber nun unter Minne zu verstehen? Neben einem kultivierteren Verhalten bei Tische sollten die Män-

ner auch ein anderes, ein höflicheres oder triebgeregeltes Verhalten gegenüber den Frauen erlernen. Die mittelalterliche Gesellschaft war, wie wir bereits gehört haben, nach außen eine reine Männergesellschaft. Von einer Kultur der Liebe konnte nicht die Rede sein. Auch die Frau als Partnerin, als gleichwertiges Gegenüber, war noch nicht erfunden. Statt dessen waren Vergewaltigungen an der Tagesordnung. Es ging wie im Krieg um Sieg und Niederlage.

Kein Wunder also, daß es am Anfang hieß, der Minnedienst widerspreche der »ritterlichen Geistesart«. Denn er stellte tatsächlich einen Gegenentwurf zu diesem Verhalten dar. Jahrzehnte später wird sich ein anderes Bild von der Frau etabliert haben. In der *Frauenehre* des Stricker wird das weibliche Geschlecht als »der ander got der werlde« (der andere Gott der Welt) beschrieben, ja als Herz der Welt »haete diu werlt der vrouwen niht, so lebete si ane herze« (Hätte die Welt die Frauen nicht, so lebte sie ohne Herzen). Dieses Bild mußte aber erst verankert werden.

Ähnlich wie die neuen Tischsitten in einem Regelwerk festgelegt worden waren, wurden die neuen Umgangsformen der Liebe auch schriftlich fixiert. In Frankreich gab es die »Arts d'aimer« (die Liebeskünste), die die Nachfolge der »Ars amatoria« von Ovid angetreten hatten, und auch Andreas Capellanus verfaßte einen »Traktatus de amore«, eine Anweisung bzw. eine »generalis regula« in Sachen neuer Umgangsformen der Geschlechter miteinander.

Solche Gebrauchsanweisungen wurden natürlich zunächst nur von der aristokratischen Elite wahrgenommen. Und das Buch von Capellanus war sogar ein verbo-

tenes, das nur versteckt von Hand zu Hand weitergereicht wurde.

Im Zentrum der Minne stehen eine Frau von höherem Stand und ein Ritter. Die Dame ist meist verheiratet, oft mit dem Herrn, in dessen Dienst der Ritter steht. Der Ritter versucht aber trotzdem, in einer kunstvollen Umwerbung ihre Liebe geschenkt zu bekommen. Dabei geht es nicht um die körperliche Liebe, sondern eher um das Bewußtsein des Verliebtseins.

Für den Ritter, der hier in der Funktion als Minnesänger auftritt, ist diese höhergestellte Frau die Dame seines Herzens. Sie gilt ihm als die schönste und begehrenswerteste aller Frauen, und er wartet darauf, ein Zeichen der Zuneigung von ihr zu bekommen. Auch er konnte übrigens verheiratet sein und brauchte seine eigene Frau wahrlich nicht nach den neuen Regeln der Liebeskunst zu behandeln. Seiner »hehren frouwe« aber näherte er sich nur als ihr Diener, und aus dem Spiel mit ihr zog er höchste Lust. Sexualität hatte eine neue Dimension bekommen, und in den überlieferten Schriften ist gar von Liebeswahn die Rede: »Im ist benamen vergeben, / ode ez ist von minnen komen / daz im der sin ist benomen« (Er muß tatsächlich vergiftet sein, / oder die Minne hat es angerichtet, / daß er den Verstand verloren hat.)

Wie sehr sich das Bild von der Frau gewandelt hat, wird im folgenden Gedicht Walthers von der Vogelweide deutlich:

Herzgeliebte kleine Herrin
Gott gebe dir heut und immer Gutes!
Könnt ich dich besser grüßen
so würd ich es gerne tun.
Was kann ich dir mehr sagen,
als daß niemand so hold ist?
o weh,
davon muß ich viel leiden.

Die Edelfrauen waren aber auch insofern Vorreiterinnen ihres Geschlechts, als sie meistens gebildeter waren als die Herren in ihrem Umfeld. Übrigens übernahmen sie teilweise auch die Geschäfte, wenn ihre Männer abwesend waren.

Ein Spiel, bittersüß

Die neue Liebeskonzeption sah nun vor, daß die Frauen es waren, die zu einer Liebesbeziehung ja oder nein sagen konnten. Sie verfügten auch darüber, wie nah ihnen der Minnesänger kommen durfte und bestimmten den Zeitpunkt, wann sie ihn erhören wollten. Man kann sich vorstellen, daß es mancher Dame ausgesprochene Wonne bereitet hat, diese Macht auszukosten und den Flehenden ein bißchen zappeln zu lassen.

Der *Heimliche Bote*, ein Zeugnis deutschsprachiger Minnelehren, dessen Verfasser unbekannt ist, ermutigt die Frauen ebenfalls, sorgfältig und selbstbewußt in der Wahl desje-

nigen zu sein, der ihnen den Hof machen darf. Er rührte an das traditionelle Selbstverständnis der Ritter, wenn er den Frauen riet, keinesfalls einem Mann die Liebe zu schenken, der sich aufgrund seiner körperlichen Attraktivität oder seiner ritterlichen Kampfleistungen für unwiderstehlich halte. Wer jedoch mit Wissen brillierte und sich zu benehmen wüßte, der sollte einen zweiten Blick wert sein. Eindringlich mahnt er: Nicht auf die Leistungen im Kampf oder bei Turnieren kommt es an, sondern auf die inneren Qualitäten und die Liebenswürdigkeit des Werbenden.

Hatte der Minnesänger eine Frau zur edelsten aller Damen erkoren, trug er ihr mit Musik und Dichtung die Minne an. Er rühmte sie, meist ohne ihren Namen zu nennen, für ihre Schönheit und ihr bezauberndes Wesen. Zeigte sie nur das geringste Zeichen von Aufmerksamkeit, sah er sich sofort herausgefordert, sich ihr zu Ehren im Turnier zu beweisen oder seinen Mut auf andere Art zu zeigen. Alle sollten davon wissen, daß er um ihre Liebe warb. Es war deshalb nicht üblich, bei Nacht und Nebel unter ihrem Fenster zu balzen, sondern gerne in der taghellen Öffentlichkeit – vor den Augen des ganzen Hofes. Trotzdem hatten die Minnenden Geheimnisse. Wenn er ihr in einem geschmückten Minnekästchen ein Geschenk überreichte, dann wußte niemand, ob er ihr ein wertvolles Duftöl oder eine Haarlocke von sich hineingegeben hatte.

Der Ritter hatte auch seine Fähigkeit, eine »galante« Unterhaltung zu führen, unter Beweis zu stellen, und so verbrachten die beiden manche Stunde ungestört im Gespräch miteinander oder beim Spaziergang oder auch beim Brett-

spiel. Statt sich eine Frau einfach zu nehmen, war es nun nötig, sie im Dialog zu überzeugen und sich auch manch anderes einfallen zu lassen. Natürlich gab es immer Kritiker, die den Kopf schüttelten und dieses neue Wunderding Liebe als akute höfische Krankheit darstellten, »bei der man spielt und lacht und sich unterhält«.

Tatsächlich: Wer das Schachspiel nicht beherrschte, konnte einpacken. Es wurde zur unabdingbaren aristokratischen Grundfähigkeit erklärt. Man konnte sich dadurch von den niederen Schichten abgrenzen, die sich eher im Glücksspiel ergingen und außerdem wieder Triebbeherrschung üben. Das Schachspiel stand symbolisch dafür, sich der Frau nicht durch plumpe Anmache, sondern spielerisch zu nähern. Nicht zuletzt galt es, den Intellekt zu schulen. Man sprach von dem »zarten, süßen Spiel«, das zwischen dem Minnesänger und seiner Dame ausgetragen wurde, und dabei blieb unklar, ob man das Brettspiel meinte oder das Spiel des Umwerbens.

Auf jeden Fall war die Minne ein Spiel mit Andeutungen, mit vielsagendem Schweigen und Verschweigen. Obwohl das Werberitual als ein öffentliches zelebriert wurde, wußten nur die beiden, was wirklich geschah. Und so kann auch die Nachwelt nicht anders, als über den realen Verlauf des Liebesverhältnisses zu spekulieren. In einer Zeit, als die Uhren noch langsamer gingen, konnte sich dieser – zumindest dem Anschein nach – unverfängliche Umgang miteinander jedoch über Monate und Jahre hinziehen.

Gab sie ihm dann ein Liebespfand, z.B. ihren Schal, hieß das noch nicht, daß er am Ziel seiner Wünsche angelangt

war. Er hatte sozusagen nur eine Option erhalten, ein erstes ernsthaftes Zeichen des Zugeneigtseins. Der nächste Schritt war der »Handgang«, eine erste Berührung. Aber erst, wenn sie ihm einen Kuß gab, war er als Liebender akzeptiert. Sie zog ihn aus dem Kniefall zu sich auf die Bank. Sie kämmte ihm das Haar. Sie gingen gemeinsam auf die Falkenjagd ... So ist es auf jeden Fall auf Minnebildern der damaligen Zeit dargestellt. Hier krönt sie ihn auch zum König ihres Herzens, und er überreicht ihr symbolisch das seine.

Im ersten deutschen Minneroman, *Eneas*, verfaßt von Heinrich von Veldeke in den Jahren zwischen 1170 und 1190, erklärt die Mutter ihrer Tochter, daß der Minne niemand widerstehen könne. Die Tochter mag es nicht glauben, denn nach dem, was die Mutter beschrieben hat, ist das, was man Minne nennt, mit Schmerz verbunden. Es wühlt auf, jagt einem heiße wie kalte Schauer über den Rücken. Die Mutter versichert aber, daß die Tochter selbst erfahren werde, wie angenehm dieses »Leiden« sein kann. Das Reich der Liebe war ein geschlossener Garten, in dem weder Haß noch Bosheit, Gemeinheit, Habsucht, Geiz, Neid, Traurigkeit, Heuchelei, Armut oder Alter Zutritt haben sollten. Eingang fanden nur Menschen, die ihr Leben der Höflichkeit, dem Vergnügen, der Fröhlichkeit, der Schönheit, dem Reichtum, der Freigebigkeit, der Sorglosigkeit und der Jugend widmeten. Unter der strengen Herrschaft des Gottes der Liebe sollte die harte Schule der Selbstüberwindung und Läuterung durchlaufen werden als unabdingbare Voraussetzung für die höfische Vollkommenheit.

Versuchungen

Die Minne galt in der damaligen Gesellschaft als die wahre Liebe. Sie vollzog sich außerhalb der Ehe – allerdings unter den Augen des Angetrauten der beminnten Dame. Ulrich von Lichtenstein schreibt in seinem *Frauenbuch*, daß die Frau ein Recht auf einen Liebhaber hätte, vor allem, wenn der Ehemann ihr keine Freude gewähre, stets mit ihr unzufrieden sei und sich selbst wenig um gesellschaftliches Ansehen bemühe, kurz: ihrer nicht würdig sei. Meistens hatten die Ehemänner auch kein Problem, diese Beziehung zu akzeptieren – unter einer Voraussetzung – die Grenzen mußten eindeutig gezogen sein: Minne sollte immer platonisch bleiben. Sonst drohten den beiden Liebenden drakonische Strafen. Nicht umsonst ist oft von Aufpassern die Rede. Sie mögen die Spannung jedoch nur erhöht haben.

Die Gedichte zeugen auf jeden Fall davon, daß den Minnenden dieses intellektuell-sinnliche Vor-Spiel tatsächlich Lust bereitete. Trotzdem mögen manche der körperlichen Versuchung nicht widerstanden haben. Warum berühren sich die Minnenden sonst so oft auf den Minnebildern? Warum findet man sonst wohl versteckte Empfehlungen zur Empfängnisverhütung bei Capellanus? Das Vor-Spiel konnte auf jeden Fall auch recht intim werden. Capellanus nennt es im Gegensatz zur »reinen« Liebe die »gemischte Liebe«, und er beschreibt Techniken der »Umarmung«, die große Lust bereiten können, ohne daß man sich ganz vereinigt. In einem Gedicht heißt es: »Ihre Körper waren so eng beieinander, daß nicht einmal drei Sonnen hätten hindurchscheinen können.«

Hartmann von Aue verfaßt eine »Klage« über diesen Zustand der Zerrissenheit zwischen Körper und Seele (lîp und herze). Der Leib drängt nach schlichter Befriedigung, das Herz aber weiß, daß es um mehr geht. Während Hartmann von Aue sein Leiden durch höchsten Einsatz, Bemühen und intellektuelle Zuwendung zu überwinden sucht, sind die Übergänge von der hohen Minne zur niederen Minne allgemein vermutlich eher fließend.

Die niedere Minne war theoretisch dem Volke vorbehalten. Hier konnte man sich ganz der Fleischeslust hingeben. Statt dem Angebot, im Garten gemeinsam spazieren zu gehen, hätte der Mann eher dazu aufgefordert, gemeinsam das Badehaus zu besuchen. Für das niedere Volk war das, was sich da in Sachen Liebe bei Hofe abspielte, nur schwer nachzuvollziehen. In Bildern machte man sich über die elitären Spielchen lustig: Nonnen ziehen Männer am Minnestrick hinter sich her, und als Liebesgabe wird nicht das geheimnisvolle Minnekästchen überreicht, sondern ostentativ das männliche Geschlechtsteil. – Auf jeden Fall aber war das Thema Liebe in aller Munde.

Was kann das sein, was alle Welt Liebe nennt?

»Saget mir iemand, waz ist minne«, fragten Walther von der Vogelweide und alle seine Kollegen auf ihrer Suche nach dem vollendeten Liebesdienst. Das zentrale Thema der höfischen Dichter bestand in der Erforschung dieses Rätsels. Je mehr

Sänger darüber nachdachten, desto klarer trat zutage, daß menschlicher Verstand wohl nicht ausreichte, um das Geheimnis der Liebe zu ergründen. Friedrich von Hausen beklagte: »Was kann das sein, was alle Welt Liebe nennt? Ich glaube nicht, daß irgend jemand das herausfinden könnte.« Natürlich versuchte Hausen – und alle Minnesänger mit ihm – dennoch, die Frage nach dem Wesen der Liebe zu klären. So unterschiedlich die Antworten ausfielen, in einem war man sich einig: Die Liebe war eine Sache von allerhöchster Wichtigkeit, wenn es um die höfische Vollkommenheit ging.

Auch wenn der Begriff »höfische Liebe« von den Sängern niemals verwendet wurde, sondern auf den französischen Romanisten Gaston Paris zurückgeht (1883 in seinem »Lanzelot«-Aufsatz), lassen sich doch vier wesentliche Merkmale benennen:

1. Die höfische Liebe galt – obwohl von höchster Stelle gewollt – immer als ungesetzlich und war daher auf Heimlichkeiten angewiesen, was die erotische Spannung ungemein erhöhen sollte – obwohl es angeblich nur in Ausnahmefällen zu körperlicher Vereinigung kam.

2. Höfische Liebe kann nur entstehen, wenn der Mann sich völlig unterordnet, sich als Diener seiner Herrin sieht und ihre Wünsche erfüllt.

3. Vom Mann wird gefordert, daß er sich bemüht, vollkommener und seiner Dame immer würdiger zu werden.

4. Die höfische Liebe ist eine Kunst, eine Wissenschaft und Tugend mit eigenen Regeln, die beide Liebende zu beherrschen haben.

Aber lassen wir einen Praktiker selbst zu Wort kommen, was für ihn das Wesentliche an seiner Sanges- und Verführungskunst war:

> *Ihrer Augen liebevoller Blick*
> *stiehlt sich tief mir in das Herz hinein;*
> *Säh ich sie doch öfter, welches Glück,*
> *sie, der ich so ganz will eigen sein!*
> *Wie leibeigen dien ich ihr,*
> *wenn sie das doch wollte glauben mir.*

> *Einen Wunsch muß ich im Herzen tragen,*
> *weil ich nimmer von ihr lassen mag:*
> *gern würd ich mich heimlich zu ihr wagen*
> *spät bei Nacht und auch am lichten Tag.*
> *Doch das darf nun mal nicht sein,*
> *will's doch nicht die liebe Herrin mein.*

> *Wird sie meine Treue schlecht vergelten,*
> *sollte nie ein Mann vertrauen ihr.*
> *Sie ertrüge lieber wohl mein Schelten*
> *als mein stets Lob, das glaubet mir.*
> *Wehe, warum tut sie das,*
> *der mein Herz doch trägt so kleinen Haß?*

In diesem Lied Walthers von der Vogelweide sind eine Reihe typischer, vom höfischen Reglement vorgeschriebener Haltungen des Sängers zur (natürlich namentlich nicht bekannten) Dame benannt. Das Werk stammt aus der Lehrzeit Walthers, als er allen Konventionen noch brav folgte.

Männer wie Walther von der Vogelweide waren die Vorreiter eines neuen Umgangs mit dem weiblichen Geschlecht. Sie galten als die professionellen Frauenbetörer, und zu ihrem Instrumentarium gehörten unweigerlich die Musik und die Dichtkunst als Form des Liebesdienstes.

Daneben erhielten diese Dichtung und Musik aber auch noch eine eigene Existenzberechtigung. Die Minnesänger, die sich im Dichten und Vertonen besonders hervortaten, wurden zu anerkannten Künstlern, wenn nicht gar zu Stars, die die mittelalterliche Hitparade – hätte es sie damals schon gegeben – erstürmten. Ihre Anwesenheit verlieh jedem Hof Glanz und Ansehen. Manchem Fürsten war das auch eine Stange Geld wert, so daß es neben den vielen minnenden Rittern tatsächlich »Hauptberufliche« gab, die im Wettstreit um die Rangfolge in den Charts stritten. Die Minne – das war nicht nur das geheimnisgeladene Liebesverhältnis zwischen zwei Personen. Die Minne war auch gut inszenierte höfische Unterhaltung und ein neues beliebtes Gesellschaftsspiel.

Bevor wir in den zwei folgenden Kapiteln zur mittelalterlichen Liebeskunst und ihrer Übertragbarkeit ins 20. Jahrhundert zurückkehren, wollen wir dem musikalischen Aspekt der Minne noch etwas Aufmerksamkeit widmen.

Die mittelalterliche Hitparade der Liebe

Am Anfang des Kulturprojekts, gewissermaßen in seiner Einführungs- und Erprobungsphase, läßt der Minnesang noch die Glanzpunkte, für die wir ihn heute bewundern, vermissen. Schablonenhaft erscheinen uns viele Lieder: wie lyrische Konfektionsware – das neue Material war wohl noch nicht spielerisch zu handhaben.

Die deutsche Form des Minnesangs orientierte sich zunächst am Marienkult, der immer noch erotisch genug war: Zu dieser Zeit gab sich die Kirche weit weniger prüde als heute. Maria stand für alle Frauen, und dieses Frauenbild war Symbol für die Welt. Nicht unverständlich ist es deshalb, daß die Texte der deutschen Minnesänger zunächst austauschbar waren. Was der einen Frau zum Lob gereichte, galt im Prinzip für alle Frauen. Auch die Rittertugenden waren immer wiederkehrendes Element und konnten nicht genug betont werden: »mâze« (Mäßigkeit), »triuwe« (Treue), »staete« (Beständigkeit), »êre« (Ehre).

Entsprechend war auch die (heute zum größten Teil verlorene) Musik: Rezitativisch wurden immer wieder die gleichen Melodiebögen wiederholt; für die damaligen Zuhörer muß es etwas Beschwörendes gehabt haben, heute würden wir uns eher langweilen. Die Leichtigkeit der französischen Lieder stand im Gegensatz dazu. Teutonische Schwermut machte sich sogar noch in den Tanzliedern breit. Die charmanten Songs des Kürenbergers dagegen hätten durchaus auch bei den französischen Damen bestehen können. Allerdings war Kürenberger ein Macho mittelalterlichen Schlags,

der das Vergnügen einer Falkenjagd auf eine Stufe mit dem
setzte, das Frauen zu bereiten in der Lage sind. Für seine
nicht unbedingt stubenreinen Lieder konnte er deshalb keine Lorbeeren in Barbarossas Kulturprojekt ernten, zumal er
sich heftig über den verstiegenen Ernst seiner Sangesbrüder
lustig machte.

Mögen die Texte der Anfangszeit uns heute auch spröde
erscheinen, sie haben das damalige Publikum sicher nicht
gelangweilt. Denn die Texte allein sagen nichts über die
Darstellung aus, nichts darüber, wie der Minnesänger sie an
sein Publikum »verkaufte«. Schließlich darf man nicht vergessen: Die Profis, die Sänger, standen als Kulturvermittler
auf den »Gehaltslisten« der Fürsten und mußten daher deutlich mehr bieten, als die Zuhörer in Tiefschlaf zu versetzen.
Man sollte also vorsichtig sein, allein von den Texten, die
lediglich das Gerüst des Ganzen sind, auf die tatsächliche
Bühnen-Wirkung zu schließen.

Übrigens: Auf saubere Quellenlage, tatsächliche Auto-
renschaft legte man damals herzlich wenig Wert. Einer klau-
te vom anderen, und das sogar über Ländergrenzen hinweg.
Und: Wenn man Pech hatte, erwischte man bei der Auf-
zeichnung den Künstler nicht in bester Tagesform. Hat sich
aber nur diese eine Mitschrift erhalten, gilt bis heute als
»Ausgabe letzter Hand«, was der Interpret als peinlichen
Ausrutscher am liebsten ungeschehen gemacht hätte. Aber
das Playback war noch nicht erfunden, Minnesang war eine
variationsreiche Live-Kunst, also konnte man bei den Liedern immer wieder umstellen und Neues hinzufügen – viele
Texte weisen solche »Gebrauchsspuren« auf.

Die Minnemusik entwickelte sich sehr schnell zu einer neuen Unterhaltungsform, die Abwechslung in den grauen Alltag brachte. Bei Ritterspielen und Turnieren gehörte diese Musik als Rahmenprogramm dazu – meist verknüpft mit dem öffentlichen Frauendienst. Die Sänger, die von ihrer Kunst lebten, zogen von Burg zu Burg, von Fest zu Fest, von Frau zu Frau. Ein regelrechtes Tourneeprogramm hob an, denn zum Sänger wie zum Helden gehörte die Bereitschaft, ewig unterwegs zu sein. Er durfte sich nicht »verliegen«. Sein hoher Mut erhielt sich nur in der Spannung des Abenteuers.

Managementzentrale Stauferhof

Eine besondere Rolle spielte im mittelalterlichen Kulturbetrieb – so wie ich mir diese Welt vor 800 Jahren vorstelle – der Stauferhof als imperiales Wanderunternehmen und mobile Reichszentrale, die bei der Verbreitung des Minnesangs Pionierleistungen erbrachte. Würde es jemanden wundern, daß dieser Fürstenhof zum Kulturmanagement avancierte? Hier saß Mäzenen sicher das Geld locker in der Tasche, und nicht wenige Fürsten gesellten sich später selbst zum zwar hochgeborenen, aber doch fahrenden Volk.

Festivals, bei denen die Sänger ihre Titel promoteten, wurden organisiert, und es sprach sich schnell herum, daß die Staufer nur hitparadenverdächtige Künstler »unter Vertrag« nahmen. Wer in jener Zeit über die aktuelle musikali-

sche Mode informiert sein wollte, mußte sich schon an die Orte des Geschehens begeben, und auch wer als Sänger up to date bleiben wollte, tat gut daran, seinen Terminkalender ordentlich mit Tourneedaten zu füllen. Minnesang, haben wir gehört, war nicht zuletzt ein Broterwerb, und damals wie heute war der Künstler der Gunst des Publikums ausgeliefert; kam er nicht an, konnte er sehen, wie er sich über die Runden brachte. So sehr der Minnesang auch als Dienst galt, Wert wurde nicht weniger auf Unterhaltung gelegt. Das Publikum aber sah es vor allem gerne, wenn die Sänger in einen Wettkampf traten, und so floß viel Persiflage, Häme über Kollegen und auch Selbstverspottung in die Lieder ein.

Woodstocks des Mittelalters

Zwei Ereignisse, die »Woodstocks« des Mittelalters, sind in die Geschichtsbücher eingegangen: der Sängerkrieg auf der Wartburg (1207), der jedoch nicht wirklich auf der Wartburg, sondern entweder am Hofe des Landgrafen zu Thüringen oder auf der Ronneburg stattfand, und das besser belegte Mainzer Hoffest zu Pfingsten 1184, anläßlich der Schwertleite für die Söhne Barbarossas, wofür das Teuerste gerade gut war. Alle Minnesänger, die Rang und Namen hatten, müssen ein Interesse daran gehabt haben, sich hier ein Stelldichein zu geben und um den Beifall ihrer Fans zu wetteifern.

Was ist unter der Schwertleite zu verstehen? Voraussetzung für die Aufnahme in den Ritterstand war eine gediege-

ne Ausbildung. Man hatte Dienst als Page auf der Burg eines Lehnsherren zu tun. Nach sieben Jahren, im 14. Lebensjahr, wurde man zum Knappen ernannt. Knappen wurden in Reit- und Waffenübungen unterwiesen, hatten ihrem Vorgesetzten zur Hand zu gehen und natürlich auch die Umgangsformen für den Frauendienst zu erlernen. Zur Ausbildung gehörten auch die sieben freien Künste: Arithmetik, Geometrie, Musik, Dialektik, Grammatik, Rhetorik und Astronomie. Am Ende der Ausbildung stand schließlich die feierliche Umgürtung des Schwertes, Schwertleite genannt.

Der Mainzer Hoftag wurde so inszeniert, daß die kaiserliche Macht voll zur Geltung kam. Fürsten waren mit ihren Vasallen aus dem ganzen Reich angereist: der Herzog von Böhmen allein mit einer Gefolgschaft von 2 000 Menschen. In annähernd ebensolcher Begleitung der Bruder des Kaisers, Pfalzgraf Konrad vom Rhein. Außerdem der Landgraf Ludwig III. von Thüringen, Herzog Bernhard von Sachsen, Herzog Leopold von Österreich und auch die geistlichen Fürsten: Erzbischof Konrad von Mainz wie auch der von Magdeburg und der Abt von Fulda. Zwischen 40 000 und 70 000 Besucher sollen dabeigewesen sein. Was die rühmenden Geschichtsquellen verschweigen, ist, daß die sanitären Anlagen nicht einmal Woodstock-Standard gehabt haben können. Die Feststadt am Ufer des Rheins dürfte gestunken haben wie die Pest. Heinrich von Veldeke aber findet nur Ruhmesworte:

Dem Kaiser Friederich
geschah so manche Ehr

daß man immer mehr
Wunder davon sagen mag
bis an den jüngsten Tag
ohne Lügen. Ja fürwahr
es wird noch über hundert Jahr
von ihm gesprochen und geschrieben.

Auch die sächsische Weltchronik rühmte das Ereignis als »de groteste hochtid« überhaupt in einem deutschen Land. Vergleiche gab es – wie sollte es anders sein – auch mit Alexander dem Großen und König Artus. Die Großartigkeit des Ereignisses ist – wie üblich – überliefert. Was sich am Rande abgespielt haben mag, ist im Dunkel der Geschichte verschwunden, darf aber vermutet werden. Das Rheinufer wird zu einem riesigen Campingplatz geworden sein mit zeitgenössischen Imbißbuden und Jahrmarktszauber – schließlich konnte man nicht Hinz und Kunz zum Bankett laden.

Nach der sonntäglichen Festkrönung des Kaisers, der Kaiserin und ihres Sohnes wurde am Pfingstmontag die Schwertleite zelebriert. Heinrich und Friedrich waren damit in den Ritterstand aufgenommen. Die Freude darüber war so groß, daß man sich über die Maßen in der ritterlichen Tugend der Freigebigkeit übte und Geschenke selbst an Gefangene und Gaukler verteilte. Anschließend kämpften Tausende Ritter in Turnieren gegeneinander, und da sich die Festlichkeit des Anlasses nicht mit in Strömen fließendem Blut vertrug, waren stumpfe Waffen befohlen.

Natürlich kann vermutet werden, daß das Ereignis auch eine Sternstunde des Minnesangs war, ein Festival der Har-

fen- und Fiedel-Virtuosen, denn nur die Besten der Besten wurden der Ehre teilhaftig, dem Kaiser unter die Augen zu treten. Das Fest endete allerdings eher unglücklich. Ein gewaltiger Sturm zog auf und zerstörte Häuser wie Zelte. Selbst Tote waren zu beklagen.

Sängerkriege, also Gipfeltreffen der Superstars, wurden regelmäßig veranstaltet. Im poetischen Kräftemessen mit der Konkurrenz suchte man seinen Platz in den Charts zu sichern, die Gunst des Publikums zu erringen – kurz, seinen Marktwert zu steigern. Unter diesen Festivals nimmt der »Wettstreit auf der Wartburg« einen besonderen Platz ein.

Zum Wartburg-Festival kamen Besucher aus allen Ländern, und sicher nicht nur, weil zwei Superstars wie Walther von der Vogelweide und Heinrich von Ofterdingen gegeneinander antraten. Diesmal ging es mehr um Politik als um das Geschlechterverhältnis und deshalb auch um Leben und Tod. Aber ganz so ernst wurde es dann doch nicht. Zwar hatte Ofterdingen arg danebengegriffen, aber als der Scharfrichter schon das Beil wetzte, kam die großherzige Landgräfin von Thüringen auf den Gedanken, daß man einen solchen Tag einfach nicht mit einer Hinrichtung verderben könne. Heinrich von Ofterdingen durfte zum Schutz unter ihre Röcke kriechen und kam so noch einmal mit dem Schrecken davon.

Der berühmteste aller Minnesänger

Walther hingegen hatte sich mit diesem Event in den Mittelalter-Charts ganz oben plaziert. Nun schwebte er über allen Wolken als Star am Minnehimmel, aber nicht lange: Er konnte einfach sein loses Mundwerk nicht halten, und das kostete ihn immer wieder einige Sprossen auf der Karriereleiter. Schon am Wiener Hof als Minne-Eleve in der Ausbildung hatte er sich selbst mit Eifer alle Steine in den Weg geräumt, über die er dann nur stolpern konnte. Nachdem er eine Weile seinen Lehrer Reinmar fleißig kopiert hatte, begann er allmählich Eigenes auszuprobieren, hatte auch Erfolg damit, aber irgendwann muß es mit ihm durchgegangen sein. Als typischer Newcomer wußte er natürlich alles besser und begann, die Kunst seines Lehrers in Frage zu stellen. Reinmar grollte ihm schon eine ganze Weile, aber als dann Jung-Walther ein böses Spottlied zum besten gab, weil sein Lehrer kunstvoll eine ältere Dame als erste Schönheit im Lande pries, war es genug der Vorwitzigkeiten. Reinmar, als Kopf der Minne-»Schule« schließlich nicht irgendwer, sorgte dafür, daß Walther sein schmales Säcklein packen und fortan als fahrender Sänger durch die Provinz tingeln mußte. »Was soll ein Mann von Welt im Wald?«, beklagte er sein Unglück und begann, um Jobs regelrecht zu buhlen.

Hätte es damals schon Manager gegeben, für Walther wäre es nicht das Schlechteste gewesen, denn im Laufe der Zeit gab es keinen Fürsten mehr, den er nicht durch Spottlieder verärgert hätte. Trotzdem kriegte er immer wieder Enga-

gements, auch wenn man ihn dabei mit der Gage heftig heruntergehandelt haben dürfte. Er war einfach zu bekannt und beim Publikum zu beliebt, als daß man ihn ganz hätte ignorieren können. Außerdem – Skandälchen um Unterhaltungskünstler sind nicht erst seit der Neuzeit das, worauf die Öffentlichkeit erpicht ist. Auf seiner Wanderschaft ist er seinem Lehrer noch des öfteren begegnet, denn auch Reinmar mußte touren, um sich im Gedächtnis seiner Fans zu halten. Dabei gerieten die beiden zur Erheiterung der Zuhörer regelmäßig heftig aneinander. Nicht jeder Sängerkrieg brauchte eine Inszenierung ...

Walther, der vermutlich keine eigenen Melodien schrieb, hat sich weiterhin nicht gescheut, auch musikalische Einfälle seines ehemaligen Lehrers zweitzuverwerten und, wie es seine Art war, zweckzuentfremden. Der klassische Ernst Reinmars und Walthers unverminderte Spottlust müssen in diesen Liedern einen eigenartigen Kontrast gebildet haben; daß sich Walther damit alle Möglichkeiten verbaute, an den Wiener Hof und damit in den Dunstkreis Reinmars zurückzukehren, bedarf sicher keiner Erwähnung. Bitter wird sein Ton, denkt er an Wien zurück:

Es sprach der Hof zu Wien zu mir:
›Ich sollte lieb sein, Walther, dir,
nun bin ich leid dir, mög es Gott erbarmen
An Ansehn war ich einst so reich,
kein andrer kam mir darin gleich
als König Artus' Hof: o weh mir Armem!
Wo sind jetzt Ritter, hohe Frauen,

die froh bei mir man sollte schauen?
Seht, wie so jämmerlich ich steh!
Mein Dach ist morsch, es fallen meine Wände,
und niemand liebt mich jetzt mehr, leider!
Gold, Silber, Ross und reiche Kleider,
die gab und hatte ich von je:
nun hab ich weder Schapel noch Gebende,
noch Frau'n zu einem Tanz, o weh!‹

Schließlich muß Walther ganz heruntergekommen sein. Nur der Umstand, von Kaiser Friedrich II. in der Nähe von Würzburg ein kleines Lehen bekommen zu haben, hat ihn vermutlich gerettet.

Ohn mein Verschulden lebt ich arm nun allzu lang
und war so voll von Schelten, daß mein Atem stank

singt er in seinem berühmten Lied »Ich hab mein Lehen!«. Danach ist er wohl vorsichtiger in seiner Ausdrucksweise geworden.

Walther hat Entscheidendes für die Entwicklung des Minnesangs geleistet. In seinen Liedern tat sich eine tiefe Lust an Gefühlen auf. Ein Sauertopf ist er bestimmt nicht gewesen. Das poetische Ich artikuliert sich bei ihm selbstbewußt wie kaum jemals zuvor in der deutschen Dichtung. Mit seinen Versen gewinnt der Minnesang an Welthaltigkeit. Er führte auch neue programmatische Figuren, nämlich das Fräulein und die Magd, in die Dichtung ein. Wenn er stürbe, so behauptete Walther, stürbe auch das Bild der edlen Dame. In Walthers Werk kulminiert die Entwicklung eines neuen

Frauenbildes. Und wenn er auch die Damen ritusgemäß in den Himmel hob, machte er doch deutlich, daß sie lebende Menschen und keine über den Wolken schwebenden entkörperten Engel waren.

Es mag an dem klangvollen Namen Walther von der Vogelweides gelegen haben, daß er bis heute als der berühmteste aller Minnesänger gilt. Damit rutschte er schon frühzeitig in die Schulbücher und ist dort seither nicht mehr wegzudenken. Auch sein Werk ist besser als das mancher seiner Kollegen überliefert. Anders ist seine Bevorzugung kaum zu erklären, und man macht sein Genie nicht kleiner, wenn man darauf hinweist, daß es ihm durchaus ebenbürtige Künstler gab, beispielsweise Neidhart von Reuenthal oder Hartmann von Aue (bekannt durch den in jedem Kreuzworträtsel abgefragten »Erek«), denen der Nachruhm fast völlig versagt geblieben ist.

So auch Wolfram von Eschenbach, Zeitgenosse Walthers und seines Zeichens Epiker und Romanschriftsteller. Wie Walther könne er weder lesen noch schreiben, behauptete er zumindest. Was jedoch für Walther durchaus zutreffen mochte, war bei Eschenbach eher Koketterie. Er verabscheute zwar die Studiosi, doch ist kaum zu glauben, daß er solche Werke wie seinen »Parzival«, seinen »Willehalm« oder den Fragment gebliebenen »Titurel« ohne jede Schriftkundigkeit hätte zu Papier bringen können. Von Gottfried von Straßburg wurde er dennoch nur als der »Bauerntölpel« tituliert – ein frühes Beispiel, wie ein Neider seinen Konkurrenten anfeindet, nur weil er ihm das Wasser nicht reichen kann. Eschenbachs Auftritte waren nämlich berühmt und

hatten einen unglaublichen Zulauf. Da machte ihm keiner was vor, auch der Straßburger nicht, mochte er noch so sehr auf seine »hochlöbliche Belesenheit« pochen.

Superstars am Minnehimmel

Schon damals war das Showgeschäft alles andere als ein Zukkerlecken. Ohne Empfehlungen und Referenzen ging gar nichts. Andernfalls tingelte man als zweitrangiger Künstler zu zweitrangigen Burgen, um überhaupt zum Zuge zu kommen. Wer wirklich Karriere machen wollte, hielt sich besser an die Spielregeln und tanzte nicht dauernd aus der Reihe wie Walther von der Vogelweide. Die Spielregeln des Showgeschäfts und natürlich auch des Frauendienstes erlernte man lange Zeit als Azubi bei jenem Reinmar in Wien, der eine Art Ausbildungsstätte für Minnesänger leitete. Minnetheorie und Aufführungspraxis waren dort Lehrstoff. Darunter darf man sich Unterweisungen im Versmaß, eine Gesangsausbildung, Instrumentalkunde und natürlich die Grundsätze höflichen und vor allem höfischen Benehmens vorstellen. Die jungen Ritter mußten die Minnekonzeption genauso erlernen wie die richtige Instrumentenpflege oder die Kunst, ein Publikum zu begeistern. Und natürlich ging es darum, die Gunst der Herzensdame zu gewinnen. Über den ganzen Zeitraum von 150 Jahren gingen nicht mehr als 30 bis 40 wirklich bekannte Künstler aus der Schule hervor, und von denen schafften es nur etwa zehn in die »Hall of Fame« des Minnesangs.

Einer davon war Neidhart von Reuenthal, der – anders als Walther von der Vogelweide – zum Shootingstar im Erfinden neuer Melodien avancierte. Er kreierte einen neuen Stil: »rockige« Tanzweisen im 2/4-Takt mit Strophen, die vor allem bei den jungen Leuten am Hofe ankamen. Er hielt es jedoch eher mit der niederen Minne und war bald schon bekannt als Schürzenjäger, den weniger die edlen Frauen als vielmehr die jungen Mädchen aus dem Volke interessierten. Als die Bauern von seinem Treiben die Nase voll hatten, steckten sie ihm das Dach über dem Kopf in Brand, und der Sänger floh ins Exil.

Sicher hat er auf seinem langen Ritt ins Österreichische ausgiebig Gelegenheit gehabt, sein ohnehin beträchtliches Repertoire an mitreißenden Minneliedern zu vervollständigen, denn nicht am Schreibtisch wurde damals komponiert, sondern auf dem Pferderücken, auf den endlosen Reisen. Der Schritt des Pferdes übertrug sich auf Takt und Intonation. Deshalb nennt man diese Musik, die seit Jahrhunderten als ausgestorben gilt, auch die »Musik des Landes und der Pferderücken«. Daß der Missetäter auch weiterhin bei Hofe mit den zartesten Weisen brillierte, bedarf sicher keiner besonderen Erwähnung.

Gebracht hat dieser Erfindungsreichtum dem Reuenthaler einen ungemeinen Imagegewinn – seine Musik wurde von der Konkurrenz übernommen und überall gesungen; so sah, könnte man sagen, im Mittelalter die beständig von ihm angeführte Top Ten aus, denn bei der Regelmäßigkeit der Minne-Feste und den ausgeprägten literarischen Neigungen der Fürsten gab es immer Gelegenheiten zum Musizieren.

Ob es Neidhart von Reuenthal auch bis in die englischen Lande mit *ihren* Charts geschafft hat, kann nur vermutet werden, ist jedoch nicht überliefert.

Minnesang war die E-Musik, die elitäre, ernste Musik der damaligen Upper Class, die U-Musik überließ man gern den nicht sonderlich angesehenen Spielleuten auf den Märkten und in den Schenken. Wobei es, wie heute, Grenzüberschreitungen gab: Einer der zwiespältigsten Minnesänger war Oswald von Wolkenstein. Einerseits dichtete er die hingebungsvollsten Minnelieder und schrieb filigrane Liebeslieder in rheinischer Mundart, um zu imponieren. Auf der anderen Seite grölte er in derben Schenken unanständige Lieder und liebte es, sich zu prügeln.

Ganz Deutschland war im 13. Jahrhundert auf der Balz. Die professionellen Minnesänger, die hauptsächlich als Musiker und Dichter geschätzt wurden, waren die Vorbilder. Daneben übte sich aber jeder, der zur höfischen Gesellschaft dazugehören wollte, im Harfen- oder Fiedelspiel. Vor allem aber unternahm man jede Anstrengung, um ein neues Verhalten – vor allem gegenüber den Frauen – an den Tag zu legen.

Die Grundidee des Kulturprojekts war auch nicht der Starkult. Der ergab sich, wie immer, von alleine und sorgte dafür, daß der Eifer nicht abriß: Wo es Vorbilder gibt, gibt es Nachahmer. Als der Minnesang allgemeiner Trend geworden war, durften die Initiatoren sicher sein, gewonnen zu haben: Das clever eingefädelte Gesellschaftsspiel zur Kultivierung der Ritterklasse funktionierte.

Es war mit spielerischen Mitteln, die auch durchaus an

Eitelkeit und Broterwerb anknüpften, gelungen, einen neuen gesellschaftlichen Standard einzuführen. Es galt nun einfach als schick, gastlich in der Liebe zu sein – es gehörte zum guten Ton. Wer sich den neuen Sitten verweigert hätte, den hätte man gesellschaftlich kaum noch ernst genommen oder belächelt.

Widerstreit der Ansichten

Die Forschungen zur Minne befassen sich bis zur heutigen Zeit weniger mit der Aufführungspraxis und dem Liebesdienst als vielmehr mit der Dichtung und Musik, die in dieser Zeit entstanden sind. Die über den Minnesang veröffentlichten literatur- und musiktheoretischen Werke füllen ganze Regale in den Bibliotheken, wobei festzustellen ist: so viele Bücher, so viele Ansichten. Über den zweifellos hohen literarischen Wert der Minnelieder ist soviel geschrieben worden, daß sich die eigentlichen Originalquellen dagegen schon fast dürftig ausnehmen. Die erste weltliche Lyrik auf deutschem Boden gab immer wieder Anlaß zu Deutungen und Umdeutungen, wie es wohl tatsächlich gewesen sein mag mit diesem ominösen Frauendienst.

Mit Versmaßen und Interpretationen aber wollen wir hier nicht aufwarten. Interessanter ist ein Aspekt des Minnesangs, der bisher sträflich vernachlässigt wurde, obwohl er der Schlüssel zum Verständnis des Ganzen schlechthin ist: Minnesang als ein inszenierter und öffentlicher Frauen-

dienst, der mit der Kraft seiner Rituale eine Gesellschaft grundlegend veränderte und einen rätselhaften Liebeskult hervorbrachte.

Es gibt zwar Beschreibungen der Aufführungspraxis, aber die lesen sich nicht allzu lebendig. Scheinbar gibt es auch nicht allzuviel Verständnis für diese kauzigen Minnesänger, die sich mit Haut und Haar einer Dame ihres Herzens auslieferten, obwohl sie wußten, daß sie niemals erhört würden, zumindest nicht in der Art, die uns heute geläufig ist.

Kein noch so akribisches Quellenstudium aber vermag das Lebensgefühl der Minnesänger zu vermitteln, wie sich auch von Gaumenfreuden schlecht erzählen läßt. Um dem damaligen Lebensgefühl näher zu kommen, müssen wir uns vorstellen, was es heißt, nach einem eiskalten Winter hinter dicken Burgmauern wieder auf dem Pferderücken von Burg zu Burg zu ziehen: Die ersten Sonnenstrahlen des Frühlings werden zu einer Offenbarung und der Gedanke an die Angebetete bringt das Gefühlsbarometer in Wallung.

So erscheint es uns oft als totes Papier, was ein lebendiges Phänomen erklären will. Vielleicht werden wir nie erfahren, ob das von den Minnesängern erfahrene Liebesleid ein echtes Gefühl oder nur eine Kunstform gewesen ist. Darauf aber kommt es nicht an. Ich sehe die Dichtung und Musik nur als die *Form* dieses Frauenkults an. Einige Minnesänger (beileibe nicht alle) schufen dabei bedeutsame Werke. Man versuchte natürlich, mit der Schönheit seiner Verse zu beeindrucken, wichtiger aber war die Aufführungspraxis, der Liebesdienst, an dessen Erfolg oder Mißerfolg sich auch Erfolg oder Niederlage der Minnesänger insgesamt bemaßen.

Überhaupt ist es schwierig, von »dem Minnesang schlechthin« zu sprechen: Man muß die jeweiligen Etappen der nur 150 Jahre währenden Entwicklung dieser Kunst bedenken. Die Askese eines Friedrich von Hausen hat mit der Herangehensweise eines Walther von der Vogelweide nur wenig gemein – und schon gar nicht mit der Vers gewordenen Lüsternheit eines Neidhart von Reuenthal gegen Ende der Minne-Ära.

Zur Zeit des feinsinnigen Lyrikers Oswald von Wolkenstein, der nach einer Prügelei in der Kneipe ein Auge eingebüßt hatte und den man überhaupt recht oft in zwiespältigen Spelunken antreffen konnte, war die hohe Minne schon ziemlich auf den Hund gekommen.

Die Ereignisse am Hofe, einst gesellschaftliche und kulturelle Höhepunkte, verkamen zum reinen Showbiz, bei dem es ausschließlich um Geld ging. Kam es bei ritterlichen Turnieren einst darauf an, den Besten, Stärksten und Unschlagbarsten zu ermitteln, legte man in späterer Zeit nur noch Wert auf gute Unterhaltung des Publikums. Noch 1130 hatte Papst Innozenz auf der 2. Synode von Clairmont vergeblich gegen diese verabscheuungswürdigen Belustigungen auf den Turnierplätzen gewettert, die immer wieder Todesopfer forderten. Aber auch wenn die Papstsprüche zur damaligen Zeit eine andere Bedeutung hatten als heute, genutzt hat es ihm nichts. Man ließ sich die attraktiven Belustigungen nicht verbieten, und manche offenen Rechnungen wurden auf diese Weise beglichen.

Die Ritter wurden wieder zu berserkerhaft wirkenden Kampfmaschinen, die beim Turnier allerdings größten Wert darauf legten, daß keinem ein Leid geschah: Schließlich

brauchte man die Mannschaft für den nächsten Auftritt. Wenn tatsächlich noch Blut floß, war es nichts anderes als ein Unfall gewesen. Schließlich verlief alles nach strengen Spielregeln. Anstatt der blitzenden, scharfen Schwerter waren stumpfe Waffen befohlen. Die Bäume, aus denen die Turnierlanzen gewonnen wurden, sind heute ausgestorben: Sie lieferten ein Holz, das beim Zersplittern einen Höllenlärm produzierte, so daß dem Publikum die Haare zu Berge standen. Prämien waren für diese Showkämpfe ausgesetzt, und sie allein waren für die Kämpfenden interessant – der Verlierer hatte zusätzlich an den Gewinner zu zahlen.

Das Ende einer großen Idee

Für die späte Kultur der Minne wurden Sex und schnöder Mammon bald wichtiger als die Verehrung der Frau. Walther von der Vogelweide, der die Anfänge davon noch mitbekam, wetterte ohnmächtig gegen den Niedergang der höfischen Sitten. Die neue Ära, deren Mitbegründer er gewesen war, hatte ihn überholt. Gegen Neidharts Radauszenen wirkte Walther zahm und antiquiert. Reuenthals Musik war keine Dorfpoesie, wie heute noch oft fälschlich angenommen wird, sondern sie verließ den vorgeschriebenen Themenkreis, um die höfische Gesellschaft zu persiflieren. Neidhart übte Kritik an den neureichen Adligen und verglich sie mit Bauerntölpeln. Mehr und mehr war die niedere Minne im Schwang, und der »Bodensatz«, die Lieder der Spielleu-

te, blühte wie eh und je. Sollten wir daraus schließen, daß die Minne zu Recht ein verschlossenes Kapitel der Geschichte bleibt? Ich meine, nein.

Wie in der Einleitung bereits erwähnt, geht es mir nicht darum, geschichtliche Exegese zu betreiben und der endgültigen Wahrheit über die Minne auf den Grund zu gehen. Ich möchte auch nicht die Augen vor der feministischen Forschung verschließen, die in Frage gestellt hat, ob die Frauen durch die Minne tatsächlich eine Verbesserung ihrer gesellschaftlichen Stellung erreichen konnten – nicht zuletzt, weil sie nur den Frauen der oberen Schichten angedient wurde. Insofern bediene ich mich der Geschichte ein wenig wie eines Steinbruchs. Es soll darum gehen, in unser Jahrhundert herüberzuretten, was unser Leben heute bereichern kann.

Fest steht: Die Minnesänger haben ein neues Bewußtsein gegenüber der Sexualität entwickelt, sie waren darauf aus, eine Atmosphäre zu schaffen, in der sie die Angebetete und sich selbst zu verzaubern verstanden. Was Lust ist und sein kann – sie haben es neu bestimmt und den menschlichen Erfahrungshorizont beträchtlich erweitert.

Den Schatz bergen

Wie auch immer man das damalige Geschlechterverhältnis in seiner Ganzheit einschätzen möge, das Verhältnis des Sängers zu seiner Angebeteten vermag uns noch heute Anregungen und Aufschlüsse für den Umgang miteinander zu ge-

ben. Wenn uns heute manches fremd erscheint, muß man es vor dem Hintergrund der damaligen Lebensverhältnisse interpretieren. Eins jedoch ist sicher: Männer und Frauen probierten sich aus in neuen Rollen; sie hatten den Mut, anderes zu wagen; es ging darum, sich zu betören und den Alltag erotischer zu gestalten. Es ist zudem in der Geschichte ziemlich einmalig, daß Literatur einen vehementen Einfluß auf Leben und Lebensgefühl hatte: Dichtung wurde in der rituellen Aufführungspraxis unmittelbar zu einem Erziehungsmittel im Bestreben, Höflichkeit und Gastlichkeit in der Liebe zu anerkannt gesellschaftlichen Normen zu erheben.

Das läßt sich in unzähligen Büchern nachlesen, aber alle diese Bücher haben einen Nachteil: Sie betrachten die Minne als abgeschlossenes Kapitel der Literaturgeschichte. Tonalität und Versmaß wurden ausführlich untersucht, aber man wagt sich nur vorsichtig an die Interpretation des damaligen Geschlechterspiels heran.

Mich interessiert aber genau dies: die Aufführung, also das Ritual des Liebeswerbens, das so bereitwillig von der damaligen Gesellschaft übernommen wurde. Diese Rituale versuche ich heute, auf der Bühne bei meinen öffentlichen Demonstrationen des Minnesangs, wieder zum Leben zu erwecken. Den Minnesang-Philologen haben wir die Überlieferung der Rituale zu verdanken, und ich meine, sie haben sich in der Zwischenzeit nicht abgenutzt. Bis heute sind sie für uns durchaus nachvollziehbar und in der Praxis im Geschlechterspiel mit Erfolg anwendbar.

Was über das kulturhistorische Interesse hinaus bedeutsam ist: Diese Rituale sind ganz entschieden ein Spiel mit

der Sexualität vor dem Hintergrund einer Kultivierung des Geschlechterspiels – und da haben wir Heutigen nicht geringen Nachholbedarf. Entwicklungsgeschichtlich sind die Jahrhunderte, die uns vom Mittelalter trennen, viel zu kurz, um den Menschen grundlegend zu ändern. Was sagen will: Diese Rituale haben auch heute ihre Kraft nicht verloren, man muß sie nur beherrschen und lebendig machen. Was einfach und schwierig zugleich ist: Einfach, weil die psychischen Grundmuster in uns angelegt sind und nur aktiviert werden müssen, schwierig, weil den Ritualen eine komplizierte Strategie zugrunde liegt, bei der man nicht ungestraft eine »Spielregel« verletzen darf, sonst erntet man das, wovor sich die selbstbewußten Männer von heute am meisten fürchten: einen Korb.

Meine Praxis als Minnesänger zeigt, daß das öffentliche Liebeswerben nach traditioneller Art mit Kniefall und Harfe wieder aktiviert werden kann. Es ist unserem Empfinden, den Möglichkeiten unserer Körpersprache angemessen und wesentlich leichter zu erlernen als heute so beliebte fernöstliche Riten, die vor unserem kulturellen Hintergrund nur schwer zu verstehen sind. Ich werde auf diese Bühnenpraxis in einem späteren Kapitel eingehen.

Hier soll es aber nicht darum gehen, alle Männer zu animieren, am Fuße eines Wolkenkratzers die Geliebte im 17. Stock anzuhimmeln. Das würde ihnen im Höchstfall einen Schwall Wasser von oben oder ein Knöllchen für Erregung öffentlichen Ärgernisses einbringen. Ich will in den nächsten Kapiteln vielmehr zeigen, daß manche Elemente der Minne auch im ganz normalen Beziehungsalltag des 20. Jahr-

hunderts anwendbar sind. Wir müssen uns nur ihrer bewußt werden und sie einzusetzen wissen. Alle Regeln in diesem schönsten Gesellschaftsspiel der Welt sind nach wie vor aktuell. Wer sie beherrscht, wird sein Liebesleben bereichern können.

Kapitel 3

Neue alte Spielregeln der Sexualität

Ob es in der Minne-Praxis ganz zentral auch darum ging, die Frauen gesellschaftlich aufzuwerten, läßt sich mit Sicherheit nicht sagen. Der Wandel, der sich im Geschlechterverhältnis vollzog, läßt sich dennoch als revolutionär bezeichnen. Die Frauen wurden nicht länger als Un-Menschen betrachtet, sondern – im Gegenteil – als verehrungswürdige Gegenüber oder gar als edle Wesen, die weit über dem Ritter angesiedelt waren.

Lust auf Rollentausch

Ich habe schon an früherer Stelle betont, daß dies nicht für alle Frauen in gleichem Maße galt. Aber wie Norbert Elias in seiner Untersuchung über den Zivilisationsprozeß belegt, waren neue Umgangsformen häufig eine Sache der sozialen Distinktion. Sie wurden zunächst in der Oberschicht gepflegt, um dann langsam auch von den anderen Gesellschaftsschichten aufgenommen zu werden. Der große Hi-

storiker Georges Duby schreibt in der *Geschichte der Frauen*, welch bedeutsame Wendung die Beziehungen der Geschlechter in dieser Zeit nahmen, und daß noch heute – trotz weiterer Entwicklungen in den Geschlechterbeziehungen – die Verhaltenswerte, die von den Praktiken der höfischen Liebe herrühren, zu denen gehören, durch die sich unsere Kultur am stärksten von anderen unterscheidet.

Die symbolisch höhere Stellung, die die Frau beim Minnedienst einnahm, entsprach auch ihrer gesellschaftlich aufgewerteten Position.

Zum ersten Mal bekam sie tatsächliche Macht über die Männer, die vor kurzem noch nichts anderes als Raufbolde und Wüstlinge – vor allem gegenüber den Frauen – gewesen waren. Und sie haben sich nicht gescheut, diese Macht auszuspielen. Sei es, indem sie den Minnesänger zappeln ließen und manchmal vor der ganzen höfischen Gesellschaft dem Gelächter preisgaben, sei es, daß sie ihm kaum lösbare Aufgaben stellten, um sich ihrer Zuneigung würdig zu erweisen. Bedenkt man, daß die Frauen von ihren Verehrern sogar verlangen konnten, daß sie in den Kreuzzug zogen, um die Reinheit ihrer in Versen vorgebrachten Gefühle zu beweisen, darf man wohl von einer Macht über Leben und Tod sprechen.

Nur keine Mißverständnisse: Ich will nicht darauf hinaus, daß Männer den Helden markieren müssen, um eine Frau zu beeindrucken – Krieg-»Spielen« ist sicher der erbärmlichste Ausdruck männlichen Imponiergehabes. Wenn ich von der Aufwertung der Frau spreche, geht es mir vielmehr darum, aufzufordern, auch heute unsere Rollen im Geschlechterverhältnis immer wieder zu hinterfragen.

Wir gehen davon aus, daß die Emanzipation längst erreicht ist: Männer und Frauen sind in jeder Hinsicht gleichberechtigt. Den Zweifel daran überlassen wir den Feministinnen, die scheinbar noch in jeder Suppe ein Haar finden. Aber machen wir es uns damit nicht zu bequem? Gelten bei näherem Hinschauen nicht tatsächlich überall männliche Spielregeln – egal ob in der Politik, in der Wirtschaft oder in den Wissenszentren? Sicher, Frauen dürfen sich heute beteiligen, aber wie würde das gesellschaftliche Miteinander aussehen, wenn *sie* die Regeln von Anfang an bestimmt hätten?

Dem Minnesänger ging es darum zu ergründen, was die Verehrte tatsächlich wollte. Es ging darum, sich mit Leib und Seele ihren Wünschen auszuliefern. Diese Einstellung, meine ich, sollten wir wenigstens ansatzweise in unser Jahrhundert herüberretten. Gewinnen würden dabei beide Geschlechter, denn ein Aufsprengen der Rollen hätte auch befreienden Charakter für den Mann. So könnte er beispielsweise endlich den Zwang ablegen, immer die Initiative ergreifen zu müssen. Daß damit schon fast paradiesische Verhältnisse erreicht wären, zeigt die Geschichte von Adam und Eva. Eva, die Frau, war es nämlich, die trotz Verbots des obersten Chefs die Apfelnascherei nicht lassen konnte; Sündenfall hin, Sündenfall her – sie und nicht Adam wagte es, die süße Frucht zu pflücken. Was man von Adam in diesem Zusammenhang vernimmt, ist lediglich, daß er sich fürchtete, das Risiko der Grenzüberschreitung einzugehen.

»Und dein Verlangen soll nach deinem Manne sein, aber er soll dein Herr sein«, wettert der liebe Gott mit biblischem Zorn angesichts des verspeisten Apfels durch den Paradies-

garten – und natürlich ist es ein Mann, der diese Szene auf Papyrus bannt und die seither von ganz oben diktierte Geschlechterhierarchie scheinbar für alle Zeiten festschreibt.

Denn seit damals gilt fast ungebrochen: »Das Weib sei dem Manne untertan« – noch einmal wollte man wohl nicht die Blamage riskieren, so dumm dazustehen wie der hinter einem Baum wie Espenlaub zitternde Adam. Und um es ganz fest zu verankern, wird in der Bibel auch gleich die ideologische Verbrämung für den peinlichen Vorfall mitgeliefert: Man sieht ja, was herauskommt, wenn man dem Weibervolk nicht streng auf die Finger schaut: Seitdem ist das Böse in der Welt!

Als Mann hat man initiativ zu sein, das gilt seit biblischen Zeiten vor allem im Geschlechterverhältnis. Als Frau hat man dagegen schickliche Zurückhaltung zu üben. Diese statusorientierte, nach Geschlechtern fein säuberlich getrennte Sicht, selbst wenn man allgemein weiß, auf welch wackligen Füßen dieses ganze Konstrukt steht, ist heute mehr denn je common sense.

Aber wie viele Liebespaare haben sich deshalb nicht gefunden, weil der Mann statt Initiative Furcht zeigte, abgewiesen zu werden, und die Frau den ersten Schritt nicht tun wollte, weil es sich angeblich nicht gehört?

Aus der Verwundbarkeit heraus verführen

Wäre außerdem nicht viel gewonnen, wenn die Männer auch einmal Schwäche zeigen könnten? Im Mittelalter war es angesagt, aus der Verwundbarkeit heraus zu verführen. Man

muß es sich vorstellen: Ritter, die ihre Identität immer daraus bezogen hatten, den Feind im Kampf zu schlagen, tauschten beim Turnier zu Hofe das eiserne Schwert gegen stumpfe Waffen ein und erdachten Liebestexte, um sie der Angebeteten gegenüber zu intonieren. Im Kniefall signalisierten sie: Ich mache mich klein, du darfst über mich bestimmen und in Umkehrung bisheriger Verhältnisse auf mich herunterschauen. Statt des aggressiven Verfügens über die Frau lautete nun die Devise: Du brauchst keine Angst vor mir zu haben.

Wendete sich die Auserwählte von ihnen ab, hatten die Minnesänger keine Hemmungen, ihrem Schmerz Ausdruck zu verleihen. Sie verstanden es, ein regelrechtes Trauerritual zu entwickeln und sogar aus dem Leid noch Lust zu ziehen. Ohne jede Heuchelei und Selbsttäuschung haben sie an der gefühlsmäßigen Abgrenzung von der Verflossenen gearbeitet, haben den Trennungsschmerz nicht nur ausgedrückt, sondern ihn regelrecht ausgelebt. Ein solches Ventil für Gefühle und nicht das bittere Darben im Dauerfrust hat ihnen die Chance zum Neubeginn eröffnet. Viele Minnelieder handeln deshalb allein vom Liebesleid.

Und heute? Gefühle zu zeigen ist beim männlichen Geschlecht nicht angesagt. Von klein an wird den Männern eingeimpft: Ein echter Indianer kennt keinen Schmerz. Man weint nicht. Man muß sich durchsetzen können. Schwäche zeigen ist nicht angebracht. Wer diesem Bild nicht entspricht – so die Botschaft, die von Generation zu Generation weitergegeben wird – ist kein richtiger Mann. Kein Wunder, daß die Männer glauben, Frauen wollten nur coole Jungs mit Tempo und Erfolg.

Tatsächlich herrscht in vielen Männerköpfen das Vorurteil, Frauen hätten ein Idealbild, das aus TV-Typen zusammengesetzt ist. Erstens glaube ich das nicht, und zweitens sollten wir uns immer vor Augen halten, daß cool wie John Wayne und breit wie Sylvester Stallone nur Wayne und Rambo waren – alle anderen sind eine Kopie. Und nichts ist lächerlicher als eine Kopie. Auch die TV-Tour »Anmachen-Aufreißen-Abschleppen« ist nicht das, was die Frauen wollen. Erstaunlicherweise wird aber immer wieder versucht, auf dieses unkultivierte »Balzverhalten« zurückzugreifen. Wie aber soll sich das berühmte Kribbeln im Bauch, das völlige »Der-Welt-Entrücktsein«, einstellen, wenn man aus der sicheren Position der Stärke und des überheblichen Gewinners heraus jederzeit Herr der Lage sein will? Es gibt doch kaum eine langweiligere Rolle als die des selbstzufriedenen Patriarchen.

Wer jetzt allerdings glaubt, die Minnesänger wären schlaffe Softies gewesen, die mit schmalzigen Songs ihre edlen Damen becircten, liegt falsch. Welcher mit allen Insignien der Potenz ausgestattete Macho brächte heute wohl den Mut auf, sich wie Ulrich von Lichtenstein seiner »frouwe« zuliebe eine Hasenscharte operieren zu lassen oder ihr seinen Ringfinger der rechten Hand zu schicken – beides zugegebenermaßen wenig zeitgemäße Beweise der Liebe. Mit diesem Beispiel wollte ich auch nur zeigen, daß die Sänger alles andere als Waschlappen waren.

Um das vorherrschende Bild der Sänger weiter zu korrigieren, sollte man auch berücksichtigen, daß die Minnesänger durchaus auf den Schlachtfeldern der Fürsten und

Könige zu finden waren. So notierten die Historiker unter König Philipp anläßlich einer Schlacht bei Erfurt den lakonischen Ausspruch des Sängers Wolfram von Eschenbach nach einem Pfeiltreffer in den Arm: »Diese breiten Schäfte werden Mode.« Danach soll sich der Minnesänger mit dem stark zerlöcherten roten Schild und dem kaum noch zu erkennenden Schlüsselwappen den Pfeil aus dem blutenden Oberarm gezogen haben.

Dennoch beherrschten die Minnesänger die Kunst, sich auch verwundbar zu zeigen und dadurch einen gewissen Reiz auszustrahlen. Sie zeigten mannhafte Stärke in der Form der Sanftheit. Im Liebeskodex hieß es für diesen Fall: Laß die Frauen beim Schachspiel gewinnen, es wird sie fröhlicher und geneigter machen. Ob deshalb auf vielen Minnebildern die Frauen tatsächlich als Siegerinnen dargestellt werden oder ob sie einfach besser waren, sei dahingestellt.

Das mörderisch-süße Gefühl des Ausgeliefertseins

Zum Minneritual gehörte es, daß der Mann der Frau anbot: »Du kannst alles mit mir machen, was du willst.« Auch dieses Sich-Ausliefern, das Annehmen einer Objektrolle, paßt nicht zum heutigen männlichen Selbstverständnis.

Sich auszuliefern, wie es der Minnesänger bei der hehren frouwe tat, hat mit Vertrauen zu tun. Schließlich gibt man sich in jemandes Hand. Wir haben Beispiele gezeigt, wie weit das führen konnte. Doch hat sich das Verhältnis heute völlig

umgekehrt: Daß Frauen es tun, wird einfach erwartet, für Männer scheint es dagegen kaum vorstellbar, sich in diese Rolle zu begeben. So sehr fürchten sie, vom »schwachen Geschlecht« zum Objekt gemacht zu werden, daß sie aus Furcht, in dieser Rolle erwischt zu werden, die Initiative ergreifen und plötzlich verdächtig aktiv werden – wie es sonst gar nicht ihre Art ist. Der Genuß des Gewährenlassens ist vielen Männern fremd. Dabei ist die »Rechnung« denkbar einfach: Wer sich ausliefert, ist dem Zwang des Handelns enthoben; eine völlig neue Erfahrung für den Mann von heute!

Aber allein der Gedanke daran nagt böse am männlichen Selbstbewußtsein. Das Selbstbild des Mannes ist das des ewigen »Machers«. Er verlangt von sich, stets Herr aller »Lebenslagen« zu sein – das läßt es ihm unmöglich erscheinen, sich passiver Lust zu öffnen.

Vielleicht wird die Passivitätsfurcht des Mannes verständlicher, wenn wir den Blick weit zurückwerfen: In der griechischen Antike wurde die Objekthaftigkeit des Mannes durchaus kultiviert. Zweifel wurden laut, als böse Zungen das Gerücht in die Welt setzten, das vertrage sich nur schlecht mit einer verantwortungsvollen Position im Staatsdienst.

In der späten Antike kam dann eine Sicht auf, die bis heute in unseren Köpfen herumspukt: Wer im Bett nicht aktiv ist, ist es nirgendwo. Damit war im Prinzip der »Machismus« geboren. Der Geschlechtsakt erfuhr seine Umwertung als Zeichen der Herrschaft, und damit ließ sich zugleich vortrefflich das Gefühl der sexuellen Abhängigkeit von der Frau kompensieren. Schließlich wurde daraus ein Teufels-

kreis: Je stärker die Entsagung vom eigenen, desto stärker die Fixiertheit auf den weiblichen Körper als Lustobjekt, in dem sie suchen, was sie sich selbst abgesprochen haben. Der Mann als beständiger »Macher« kann sich nicht als Lustobjekt wahrnehmen, womit er sich um eine weitere Dimension seiner Sexualität gebracht hat.

Bisher hat noch jede Kultur eine ihrer Hauptaufgaben darin gesehen, die Polaritäten zwischen Mann und Frau festzulegen – herausgekommen ist fast überall die Hintanstellung der Frau, ihre Unterordnung unter die Bedürfnisse des Mannes. Schon seit Jahrtausenden wird versucht, dieses Verhältnis als naturgegeben und damit gottgewollt und unveränderbar für alle Zeiten zu verkaufen.

Es kann aber nicht oft genug gesagt werden: Diese Natur von Mann und Frau gibt es nicht. Das daraus abgeleitete Rollenspiel, das den Mann als den Wollenden definiert, der sich beim »schwachen Weibe« um jeden Preis durchzusetzen habe, während der Frau das Gewährenlassen auf den begehrenswerten Leib geschneidert ist, hat ebenfalls nichts mit der Natur der Geschlechter zu tun. Es spiegelt soziale Machtverhältnisse wider, aus denen sich das Geschlechterverhältnis herleitet. Auch wenn auf dem Weg zur Gleichberechtigung einiges erreicht wurde, zeigen die Erfahrungen, daß sie nur so lange als politisches Aushängeschild erwünscht ist, wie die Vormachtstellung des Mannes nicht wirklich angetastet wird.

Das klingt paradox, aber ein Blick auf unsere Gesellschaft zeigt, daß die angebliche Gleichberechtigung allein in marginalen Bereichen stattfindet, daß Zugeständnisse allein dort

gemacht und dann als große Errungenschaft verkauft werden, wo sie die männliche Hegemonie nicht ernstlich antasten.

Auch die Minne änderte nichts an der faktischen Vormachtstellung des männlichen Geschlechts. Die Rolle, in der sich die neuen Liebesdiener übten, war jedoch so außergewöhnlich, daß es mehr als herkömmlichen Mut verlangte, sie anzunehmen. Nachdem die alten Drehbücher fortgeworfen waren, verlor das Geschlechterspiel seine monotone, absehbare Folgerichtigkeit und wurde wieder spannend und zu einem prickelnden Abenteuer, wie es Walther von der Vogelweide festgehalten hat:

Minne,
o du kannst tausend
wunder machen;
aus wasser wein,
aus weinen lachen,
auch junge mädchen so
verwirren,
dass sie durch nacht
und nässe irren
hin zu mir.

hin zu mir.

Oder:

Hätte ich immer
die rosen,
das grün, das blühn,

ihren mund!
meine seele bliebe in
kosen und küssen
ewig gesund.
o wort,
o lachen, o singen,
o minne, o liebesglut!
in allen deinen dingen
sind tropfen götterblut.

Sexualität nach neuen Spielregeln

Der größte Gewinn in der Rückbesinnung auf die Minne liegt meines Erachtens darin, daß wir einen neuen, wesentlich erweiterten Begriff von Sexualität erhalten und daß in dieser Sexualität die Bedürfnisse der Frauen mehr Berücksichtigung finden, als wir es heute kennen.

Im 1. Kapitel habe ich es bereits angedeutet: Bei uns wird Sexualität meist auf die ersten drei Buchstaben des Wortes reduziert. So war es sicher zu allen Zeiten. Die Hoch-Zeit der Minne stellt aber – zumindest was das Verhältnis zwischen dem Sänger und seiner edlen Dame angeht – auch hier eine Ausnahme dar. Wer fürchtet, das liefe auf eine Sexualität hinaus, die dem Geschlechtlichen völlig entsagt, liegt falsch. Auch die Akteure im mittelalterlichen Geschlechterspiel hatten durchaus Sehnsucht nach körperlicher Nähe, wenn die Spannung unerträglich wurde, wie das

Lied von Julande der Schönen beweist: »Ach allerliebster Liebster, könnt ich lügen, ich liebe euch von ganzem Herzen, treu und rein. Sobald ihr wollt, dürft ihr mich küssen. In euren Armen möcht ich liegen ...« Dabei spielte es aber nicht wirklich eine Rolle, ob es zu der – natürlich verbotenen – körperlichen Vereinigung kam, denn die wahre Lust zog man aus der erotischen Spannung des (noch) unerfüllten Begehrens.

Wir alle kennen dieses Gefühl: Es ist das Gefühl, nach dem wir uns immer wieder zurücksehnen, wenn sich Langeweile in unseren Beziehungen breitgemacht hat. Es ist das Gefühl des Zweifelns und Wartens nach dem ersten Kennenlernen: Wird sie mich anrufen? Hegt sie dieselben Gefühle für mich wie ich für sie? Hat sie gemerkt, daß ich etwas Besonderes für sie empfinde? Wenn wir an diesen Zustand der Ungewißheit denken und an die Schmetterlinge im Bauch, können wir vielleicht nachempfinden, was der Begriff »süßes Minneleiden« bedeutet. Selten empfinden wir eine Situation so herrlich und mörderisch zugleich.

Endlich ein Anruf: Sie will mich sehen! Solange die Intimsphären gewahrt bleiben, empfinden wir unser Gegenüber so schön wie später nie wieder. Das Begehren, diese Hände zu berühren, diesen Mund zu küssen, den Geruch zu atmen, kann lustvoller sein als die Erfüllung dieses Wunsches. Haben wir später jemals wieder so eine Freude an diesem Muttermal oder an jener Stirnfalte? In den Tagen der letzten Ungewißheit sind wir energiegeladen wie sonst nie. Sie liebt mich, sie liebt mich nicht, sie liebt mich ...

Diesen fast ekstatischen Zustand auszukosten, gilt heute als verpönt. Spannung ist da, um abgebaut zu werden. Nicht selten endet ein Kennenlernen auf der Party mit dem gemeinsamen Aufwachen am nächsten Morgen. Zwar ist der Nervenkitzel ausgestanden, die Neugierde befriedigt, das Selbstbild von der eigenen Unwiderstehlichkeit befriedigt – dafür wird es aber meistens peinlich. Schließlich ist man noch in keiner Weise miteinander vertraut. Plötzlich gibt es nicht mehr viel zu reden. Statt der Schönheiten fallen nun die nachteiligen Körpereigenschaften auf. Wenn man dann doch ins Gespräch kommt, muß man feststellen, daß die Interessen ziemlich weit auseinander liegen. Es ist vergleichbar mit dem Jet-lag. Der Körper ist irgendwo angekommen, und der Geist hinkt weit hinterher.

Nicht zufällig, so meine ich, ist dauerhaften, glücklichen Partnerschaften meist ein langes Werben vorausgegangen. In diesen Fällen haben sich beide Zeit genommen, einander kennenzulernen und vor allem, sich wirklich ineinander zu verlieben. Wacht man dann das erste Mal gemeinsam auf, ist die Vertrautheit auf der geistigen Ebene mindestens ebenso groß wie die auf der körperlichen.

Geduld macht Liebe groß

Die Minne lebte ganz vom Zauber und der großartigen Spannung, die vom Liebeswerben ausging. Heinrich von Morungen beschreibt diesen Zauber eindrücklich als »Selige Tage«:

In so hohen Seligkeiten
wogte freudig mir die Brust noch nie.
Kreisend wie auf Flügelspreiten
schweb ich in Gedanken stets um sie,
seit sie mir den Trost verlieh,
der mir in die Seele ging
und mein Herz zwang auf die Knie.

Das Betören einer Frau, das »Balzen« wurde zur Kunst erhoben. Im Liebeskodex heißt es: »Eine leichte Eroberung macht die Liebe wertlos, eine schwierige gibt ihr Wert.« Obwohl immer wieder sehnsuchtsvoll von körperlicher Vereinigung die Rede ist, ging es doch vielmehr um das möglichst phantasievolle Vor-Spiel. In einer kunstvollen Betörung fanden die Minnesänger ihre wahre Erfüllung. Hier entstand eine ganz besondere Sinnlichkeit, die heute verlorengegangen ist.

An dieser Stelle möchte ich noch einmal ausdrücklich betonen, daß ich hier nicht von der falsch verstandenen Frauenverehrung sprechen möchte, nach der die Damen auf ein fernes Podest gestellt werden, um sie anzubeten und für alle Ewigkeit heiligzusprechen. Schließlich zeigt eine ganze Reihe von Dokumenten aus dem Mittelalter, daß die herrschaftlichen Frauen auch nichts sehnlicher wünschten, als nach einer angemessenen Zeit der kühlen Idealisierung in die Nähe eines warmen Körpers zu kommen. Und selbstverständlich lebten auch die Minnesänger »nicht nur vom Brot allein«. Trotzdem war für den Minnekult das kunstvolle Vor-Spiel stets von absolut beherrschender Bedeutung. Wer den Reiz kennt, einer Frau einen hohen Turm zu mauern, um

ihn dann mit viel Genuß langsam zu schleifen, weiß um die Seligkeit solcher Wonnen. Nur dieser Mann kennt die beispiellose Atmosphäre voller Spannung, Heiterkeit und Schönheit. Auch aus den Quellen läßt sich herauslesen, daß das Minnen tatsächlich Lust bereitete, wie Verse von Ulrich von Lichtenstein belegen:

> *Dienen will ich, daß sie werde inne,*
> *wie ich mehr sie als mich selber minne.*
> *Stahl muß auf mir zerkrachen!*
> *Her den Speer! Wagt es wer?*
> *Dazu zwingt mich ihr Lachen,*
> *das weiß sie süß zu machen.*

Für viele mag es komisch klingen, in diesem Zusammenhang von Vorspiel zu sprechen, denn auch diese Form der Sexualität hat in unserer Vorstellung eigentlich nur ein Ziel: den Geschlechtsakt. Flirt ist sicherlich das geläufigere Wort für das, was ich meine: Der Flirt aber trifft es nicht punktgenau. Denn die Minnesänger hatten sich ihrer Partnerin gegenüber ja bereits verpflichtet und ihr die Treue geschworen – das würde uns heute nicht einfallen, wenn wir nur ein bißchen unverbindlich flirten wollten.

Die Lust der unerfüllten Liebe

Uns mag es unverständlich erscheinen, allein aus dem Werben Lust zu ziehen. Wie konnte dies auf Dauer befriedigen?

Ein Teil der Erklärung ist sicherlich, daß die Minne vornehmlich in der Öffentlichkeit praktiziert wurde, und schon das Wissen, beobachtet zu werden, einen gewissen Reiz hatte.

Für die Minnesänger aber gab es eine weitere, viel wichtigere Lustquelle: die beständige Herausforderung der angebeteten Frau. Sie war in der Regel eine mit allen erotischen Raffinessen der Zeit herausgeputzte Dame, die die Begehrlichkeit nicht allein des Minnesängers anstachelte. Und lag der Reiz nicht zusätzlich darin, daß die Begehrte für den Minnesänger in greifbarer Nähe und entrückter Ferne zugleich war? Alles, was uns unerreichbar ist, übt auf uns einen noch größeren Zauber aus, und es sind nicht die schlechtesten Tagträume, uns vorzustellen, wie es wäre, ans Ziel unserer Wünsche zu gelangen. Traum und Wirklichkeit gingen ineinander über. Durch die Regeln war Distanz vorgeschrieben, und so konnte es zu einem Abbruch dieser spannungsgeladenen Atmosphäre nicht kommen.

Es ist das Erfolgsrezept schöner Frauen seit jeher, daß man sich gern in ihrer Nähe aufhält, sich in ihrem Glanz sonnt und selbst ein paar Strahlen auf sich zu lenken sucht. Plaudern wir nicht auch ausnehmend gern mit der Kollegin, selbst wenn wir dem Arbeitgeber die Zeit stehlen mit diesem absolut undienstlichen Geplänkel? Verstricken wir die hübsche Nachbarin nicht immer wieder in Gespräche, wenn wir ihr zufällig begegnen, ohne daß es ein ersichtliches Mitteilungsbedürfnis gäbe?

Man darf sicher sein, daß der mittelalterliche Mann für weibliche Schönheit nicht weniger empfänglich gewesen ist

als der heutige. Er war jedoch einen entscheidenden Schritt weiter gegangen: Er hatte sein offenkundiges Interesse an der Frau zugegeben, mehr noch, seine Verliebtheit eingestanden. Die Konventionen, die Regeln, Formen und Wendungen, die das Spiel als gesellschaftlichen Konsens zusammenhielten, die vorschrieben, was zu geschehen hatte und was nicht, scheint er jedenfalls nicht in gleichem Maße als Einengung empfunden haben.

Im Gegenteil: Man erwartete von ihm, daß er tue, wonach ihm ohnehin der Sinn stand: die Begehrenswerte so zu betören, daß sie sich ein wenn auch noch so kleines Zeichen der Zuneigung entlocken ließ. Ein Zeichen übrigens, an dessen Echtheit nicht zu zweifeln war und das seine Wirkung nicht verfehlte. Vielleicht ist es vergleichbar mit dem Gefühl, das man selbst empfindet, wenn die Frau, für die wir schon so lange schwärmen, uns endlich wahrnimmt und das erste Mal anlächelt.

Übrigens: Die Minnesänger faßten ihren Flirt noch weiter: Die Frau als die Welt, und die Verehrung, die der einen gezollt wurde, war zugleich allen Frauen der Erde und letztlich auch Gott gewidmet.

Bei Gottfried von Straßburg lesen wir:

O Herrlichkeit der Frauen,
Gott hat vor der ganzen Schöpfung
dich so ausgezeichnet.
Wessen Sinn nach Liebe steht,
dem ist dein Name so angenehm,
daß er nie nach etwas Besserem verlangt.

Gäbe es etwas Liebenswerteres als Frauen,
dann hätte ich meine Sinne nicht beisammen.
Der Name Frau und die Frau selbst
sind beide vollkommen, wenn mir auch eine wehtut.

Das ewige Schmachten, das »Nie-zum-Ziel-Kommen« hat die Sänger in beständiger Spannung gehalten, natürlich auch in ihrer »dienstfreien« Zeit. Sie verstanden es, diesem Liebesschmerz Lust abzugewinnen, die Nichterfüllung ihrer Wünsche in Imagination umzumünzen. Sie taten es aber nicht in der Art der Jammerlappen, die in ihrem Leid förmlich baden, um von der Mitwelt möglichst Tag und Nacht viel Trost einzuheimsen. Ihr »süßes Minneleiden« bedeutete vielmehr, daß sie sich auch in Gedanken nicht von der Allerliebsten abwandten – sie lebten ihre Kunst konsequent und ohne Kompromisse.

Für Morungen war nach eigener Aussage »inneres Schauen« Befriedigung genug. Des realen Liebeserlebnisses bedurfte es gar nicht mehr; im Gegenteil, der Einbruch der Realität hätte dem Sänger den Traum zerstört.

Der eigentliche Reiz des Spiels mit dem anderen Geschlecht lag darin, daß nie klar war, wie es ausgehen würde. Die minnenden Paare zogen zudem Lust daraus, sich im gegenseitigen Verführen permanent zu überbieten. Wer verführte hier eigentlich wen? Es gab diese Herausforderung, noch verführerischer zu wirken, noch mehr zu leiden, die sich wie eine Spirale ins Unendliche drehen konnte.

Und immer gab es natürlich auch die Möglichkeit eines Korbes. Die höfische Öffentlichkeit nahm es mit diebischer

Freude zur Kenntnis, und dem Minnesänger blieb nichts anderes übrig, als einsam in seiner Kemenate seine Strategie noch einmal zu überdenken, um einen neuen Versuch, das Herz der Geliebten zu gewinnen, zu wagen.

Dieses Spiel konnte sich über Jahre hinziehen. »Gütige, sanftmutige Mörderin«, dichtete Heinrich von Morungen für eine seiner Auserwählten, die ihn wohl lange schmachten ließ. Und von Hausen beschrieb den süßen Schmerz des Hingehaltenen so:

> Ich sage ihr nun schon so lange,
> wie sehr sie mir das Herz zusammenpresst.
> So kleingläubig ist sie,
> dass ihr Wankelmut sie dazu bringt,
> einen solchen Widerwillen zu hegen –
> den lässt eine glückverheissende Frau
> niemals wirklich aufkommen –
> dass sie den leer ausgehen lässt,
> der sie über die ganze Welt stellt.

War bei einer Schönen überhaupt kein Blumentopf mehr zu gewinnen, gedachte der Minnesänger der endgültig verlorenen Liebe mit ein paar schmerzlichen Abschiedsliedern, ehe er sich eine neue Dienstherrin suchte, die sich vielleicht geneigter zeigte.

Vor-Spiel: Das schönste Spiel

Eine bestimmte Tätigkeit, die jedem Menschen Lust bereitet, gibt es nicht. Der eine empfindet Lust bei der Erledigung einer bestimmten Arbeit, der nächste beim Betrachten seiner Briefmarkensammlung. Ein dritter hingegen würde sich bei beidem zu Tode langweilen und trotz aller Erklärungen nicht verstehen können, worin der Reiz der Sache liegt. Anders bei der sexuellen Lust. Den Zusammenhang von Sex und Lust kennt jeder, mitunter werden beide Begriffe sogar synonym gebraucht. Und doch versteht ein jeder etwas anderes darunter.

Lust ist kein Automatismus, kein Reflex oder etwas, das sich ganz ohne eigenes Zutun von selbst einstellt. Trotzdem aber gibt es Gemeinsamkeiten, die für jeden Menschen zutreffen. Lust braucht Hindernisse und Ungewißheit: Man kennt es von Spielen, die in dem Augenblick jeglichen Reiz verlieren, wenn man sie perfekt beherrscht oder mit Sicherheit weiß, jeden Gegner schlagen zu können. In diesem Fall läßt sich Lust nicht mehr aus dem Spiel ziehen, sondern allenfalls aus dem Gefühl der Überlegenheit.

Lust lebt von Zweifel, von Zweideutigkeit und Unsicherheit. Und so braucht der nicht auf Lust zu hoffen, der nicht bereit ist, sich auf Unvorhersehbares einzulassen. Wer mit anderem als Eindeutigem nicht umgehen kann oder will, sollte das Wort Lust aus seinem Vokabular streichen.

Neben der triebhaften Urlust gibt es die bildhafte Lust, übrigens ein wichtiges Unterscheidungsmerkmal des Menschen vom Tier. Das Vorspiel lebt in seinen unendlichen

Variationsmöglichkeiten von Bildern und Phantasie. »Aber das ist doch kein ›vollwertiger Sex‹, warum sich also damit befassen?« So denken wir heute und sollten es doch besser wissen, der Erfahrungen sind schließlich mehr als genug. Das Sexuelle muß heute wieder ohne Phantasiebilder auskommen. Das klingt angesichts der sexualisierten Warenwelt seltsam, ist aber dennoch richtig. Denn um Bilder der Sexualität im Kopf entstehen zu lassen, bedarf es keiner »Illustration«. Im Gegenteil – wo uns sexualisierte Objekte an jeder Litfaßsäule begegnen, wird die Einbildungskraft immun gegen jede Form der Erotik und damit auch gegenüber der Möglichkeit, tiefe erotische Spannung zu empfinden. Schon um das Jahr 1500 herum begann man, die bis heute wirksamen »Lustbremsen« anzuziehen, vielleicht weil man fürchtete, daß eine intensive Lust an phantasierten Bildern das Interesse am »normalen« (Fortpflanzungs-)Akt behindere. Die Verspieltheit der Sexualität sollte tunlichst unter der Decke gehalten werden. Sich bei moralisch so zweifelhaftem Tun vielleicht lustvolle Gedanken zu machen, das fehlte gerade noch! Andere Bereiche des Lebens, vor allem Malerei und Architektur, schwelgten in Phantasien und Utopien, die körperliche Lust jedoch wurde in einen dunklen Käfig gesperrt.

Die Vorstellung, es könnte viel größere Lustpotentiale als die allgemein anerkannten geben, läßt die Realität in einem anderen Licht erscheinen. Die verbreitete Auffassung, Minnesang sei ein völlig der Wirklichkeit entrücktes Phänomen, bei dem die Akteure ausschließlich mit sich selbst beschäftigt waren, trifft nur die Hälfte der Wahrheit; natürlich fand

beim Liebeskult eine Entkräftung der Wirklichkeit statt, mit der idealisierten Scheinwelt jedoch wurde kritisch auf die Realität Einfluß genommen, nicht ohne Erfolg, wie wir gesehen haben.

Geistiges Abweichlertum dieser Art erfordert heute Mut und intellektuellen Aufwand, eigene Wege zu gehen und nicht den ausgetretenen Pfaden der Traumindustrie zu folgen. Läßt man der Phantasie genug freien Raum, macht sie das eigene Begehren bewußt. Wer Konventionen blind folgt, weicht der Frage nach den eigenen Bedürfnissen aus. Wer sich auf allgemeine Verbindlichkeiten herausredet, will zumeist keine Verantwortung übernehmen.

Die Macht der Phantasie

Wenn heute allgemein beklagt wird, Phantasie sei durch die immer weiter fortschreitende Visualisierung in allen Lebensbereichen zu einer Rarität geworden, sollte man die Ursache für diese Verluste nicht ausschließlich den neuen Medien von Fernsehen bis CD-ROM anlasten. Nicht nur die Überflutung mit äußeren Reizen hat die Bilder aus unserem Inneren vertrieben, sondern die Gewohnheit, sich mit gesellschaftlichen Standards einzurichten – sie hat dem Menschen einiges an eigener »Seelentätigkeit« abgenommen. Insofern ist die täglich wachsende Medienflut nicht Ursache, sondern Folge eines lang andauernden Reduktionsprozesses, und zugleich fungiert sie als willkommener Ersatz.

Die aus allen Kanälen abrufbare Bilderwelt scheint lükkenlos. Alle unsere Interessen werden bedient, weshalb sollte man noch Mühe auf eigene Phantasie verschwenden, da doch jetzt schon mehr vorhanden ist, als wir je im Leben verarbeiten können! Vergessen wird, daß diese Fremdbilder nie ein adäquater Ersatz sein können für den Schatz an Bildern, die wir selbst in unserem Innersten tragen.

Sexuelle Phantasie zu kultivieren bedeutet deshalb vor allem, gegen eine verordnete und nur vorgelebte Sexualität zur eigenen, individuellen Sexualität zu finden. Zwar war der Minnesang zunächst auch eine »Verordnung« von oben, aber aus diesem vorgegebenen Grundgerüst entstand im Laufe der Zeit eine eigene Kultur, die trotz aller Normierungen individuelle Entfaltungsmöglichkeiten bot.

Der Minnesänger tat eigentlich nichts anderes, als mit seinem Spiel eine allgemeine Atmosphäre erotisch zu verwandeln, in der sich Illusionen entfalten konnten. Seine Welt des Scheins, die er sich immer wieder aufs neue erschuf und in der er lebte, war der realen durchaus ebenbürtig. Die Strategien des Minnedienstes machten es möglich, eine Atmosphäre herbeizuzaubern, in der Sexualität allein in der Gedankenwelt erfahren werden konnte.

Die Minnesänger wußten außerdem: Ziele kann man nicht erreichen, denn ein erreichtes Ziel ist kein Ziel mehr. Man kennt das Gefühl, in ein schwarzes Loch zu fallen, sobald man das Ersehnte erreicht hat. Die Vorfreude auf den Urlaub ist oft schöner als der tatsächliche Aufenthalt am fremden Ort, und genauso verhält es sich mit der Sexualität. Die heimliche Lektüre vor dem ersten Mal, das Phanta-

sieren über nie empfundene Sensationen, die verklärte Wirklichkeit in der ersten Phase des Verliebtseins – was hierbei im Kopf stattfindet, hat mit Sexualität mindestens genauso viel zu tun wie der eigentliche Geschlechtsakt.

Am seidenen Faden schweben

Lust, sagten wir, hat auch etwas mit Uneindeutigkeit zu tun. Und diese kann im Extremfall auch Angst bedeuten. Man fürchtet sich vor etwas, das sich nicht genau benennen läßt, und aus dieser Ambivalenz zieht man ein abenteuerlich zu nennendes Empfinden: Wie sich die Situation entwickeln wird, weiß man nicht. Sie hat etwas Bedrohliches, aber es reißt einen unaufhaltsam immer weiter. Ein Zurück ist nicht vorstellbar. Man läßt sich mit einer gewissen Unbedenklichkeit treiben, obwohl alle Warnlampen leuchten. Der nächste Augenblick müßte endlich Klarheit schaffen, aber genau das geschieht nicht.

So windet man sich auf der Spirale immer weiter, und ein Ende ist nicht abzusehen. Im Mittelalter, einer für alle gleichsam unsicheren Zeit, gab es ein sensibles Verständnis für diese Einheit von Lust und Angst. Rituelle und magische Vorstellungen gehörten zum Lebensalltag. Gemeinsam entführte man sich in einen Rausch der Sinne.

Was heute kaum mehr zu verstehen ist: Die Ambivalenz zwischen Lust und Angst ist ein Spiel, in dem sich die beiden angeblichen Gegensätze bis zur Unkenntlichkeit mi-

schen. Die Minnesänger haben förmlich in dem Gefühl gebadet, ihre Existenz am seidenen Faden baumeln zu sehen. Ihr Ego setzte während des öffentlichen Minnedienstes zu den kühnsten Höhenflügen an. Aber schon im nächsten Augenblick konnte sich die Dame ihres Herzens schnöde abwenden. Dann grölte die ganze Hofgesellschaft, und der Sänger konnte blamiert und mit gebrochenem Herzen von dannen ziehen.

Heute sucht man das Rausch-Erleben mit anderen Mitteln. Wer sich in eine Techno-Diskothek begibt, kann hier etwas von kollektivem Rausch und ritueller Erfahrung erahnen. Nicht umsonst werden diese Tanzereignisse von der älteren Generation mißtrauisch beäugt. Das liegt sicher auch an dem Gerede um die sogenannten Party-Drogen. Eine davon heißt bekanntlich Extasy. In unserer technokratischen Gesellschaft aber haben Ekstasen keinen Platz. Grund genug für die neue Generation, die Erwachsenen genau hier, am Lebensnerv zu treffen. Mit der Suche nach ekstatischen Zuständen knüpft die junge Generation unbewußt und in veränderter Form wieder an ein zentrales Thema der Minne an. Denn Lust, wie sie die Minnesänger kannten, war unabdingbar mit Ekstase verknüpft.

Entwerfen wir ein kurzes Psychogramm des Mannes von heute, werden wir erkennen, daß wir tatsächlich ein perfektes Gegenbild des Minnesängers zeichnen: Der Mann von heute will stets Herr der Situation bleiben. Seine Phantasie erschöpft sich in vorgegebenen Bildern. Er versucht, die sich im Geschlechterspiel notwendig ergebende Spannung so schnell wie möglich abzubauen, indem er sich nicht lange

mit einem lustvollen Vor-Spiel aufhält, sondern unverzüglich zur Tat schreitet. Die Desillusionierung folgt häufig auf dem Fuße: Wieder einmal war es nicht die große Liebe, die er auf diesem Wege finden wollte.

Alle seine Geheimnisse hat er im kurzen Moment des ersten Kennenlernens bereits preisgegeben. Schließlich wollte er durch seine Qualitäten überzeugen. Daß er ein lustvolles Spiel nach allen nur möglichen Punkten verloren hat, ist ihm in aller Eile überhaupt nicht aufgegangen. Daß er jedoch die »Norm« gebracht hat, wird er in seinem inneren Kalender mit einiger Befriedigung abgehakt haben.

Der größte Irrtum

Der Geschlechtsakt scheint heute eine kaum noch hinterfragte Pflicht darzustellen – Ausnahmen bestätigen die Regel. Er steht als Synonym für das Geschlechtsleben überhaupt und hat alle anderen Formen der Sexualität ins Aus verbannt. Bei Umfragen geben schon sehr junge Menschen an, daß sie bereits Erfahrungen mit Sex haben. Sie wollen damit zum Ausdruck bringen, daß sie Sex bereits »erfahren« haben und glauben, damit ihre Eintrittskarte ins Leben der Erwachsenen gelöst zu haben: Sie haben »es« schon einmal »gemacht« – nun kann ihnen niemand mehr etwas vormachen, nun gehören sie zu den Wissenden und dürfen Abgeklärtheit zeigen.

Tatsächlich haben sie meist nicht viel mehr als den »technischen Ablauf« der Penetration kennengelernt. Die ande-

ren, darüber hinausgehenden Erfahrungen verknüpfen sie dagegen nicht mit dem Begriff Sexualität.

Der erweiterte Begriff von Sexualität, um den es mir hier geht, hat aber nicht nur mit der Liebeswerbung als Vor-Spiel zu tun, sondern auch mit sexueller Befriedigung, die nicht auf Penetration beschränkt ist.

Es existieren sicherlich noch eine ganze Reihe von Irrtümern und falschen Vorstellungen, die Männer gegenüber Frauen hegen. Das eklatanteste Mißverständnis dürfte aber in dem uninspirierten Orgasmuszwang bestehen, dem sich viele Männer heute unterwerfen. Aus einem nur noch schwer nachzuvollziehenden Grund gehen sie davon aus, daß ihr Erfolg bei Frauen nur daran gemessen wird, wie oft und mit welcher Intensität sie den Beischlaf zelebrieren können. Ein fataler Irrtum, denn nach meiner Erfahrung legen die meisten Frauen einen viel größeren Wert auf phantasievolle, intelligente, erotische Verführung.

Die Strategie, sich in möglichst kurzer Zeit im Bett zu beweisen, stößt nicht nur auf Unbehagen und Unverständnis, sondern häufig gar auf strikte Ablehnung. Für mich ist diese Form der Sexualität Ausdruck einer absolut lustfeindlichen Kultur. Daß ich mit dieser Meinung nicht alleine bin (abgesehen von den Frauen), zeigt ein Zitat des Berliner Philosophen und Publizisten Holger Schenk: »Der Penetrationsdrang vergrößert die Kluft zwischen trieblosem Geist und geistlosem Trieb bis ins Barbarische.« Dabei ist diese Entwicklung weder logisch noch konsequent, denn in unseren Sexualphantasien aus der Kindheit kennen wir bereits sämtliche Elemente der prägenitalen – also nicht aufs Ge-

schlecht bezogenen – Sexualität. Leider, so meine ich, geht sie den meisten Männern während der Pubertät verloren, so daß das tiefe Erleben eines wahren Vorspiels nicht mehr möglich ist.

Der Orgasmus wird bereits in einschlägigen Jugendzeitschriften als höchsterreichbare Lust gepredigt, und natürlich fehlt auch eine reich bebilderte »Gebrauchsanweisung« nicht. Diese alleinige Fixiertheit ist Standard geworden. Alles, was davon abweicht, wirkt leicht anrüchig. Wer seinen Freunden etwas von romantischem Händchenhalten auf einer verschwiegenen Parkbank erzählt, begibt sich in die Gefahr, als einer angesehen zu werden, der nicht mehr »richtig tickt«: Händchenhalten, weiter nichts? Die Norm ist nicht erfüllt, also hat es der Betreffende nicht weiter geschafft – was kann er sonst sein als ein Weichei?

Befolgen von Normen bedeutet immer Beschränkung. Das ist nicht unbedingt etwas Negatives – ohne festgelegte Grundsätze gäbe es schließlich kein gesellschaftliches Zusammenleben. Normen können jedoch auch Behinderung durch Einengung darstellen.

Unbewußt, aus Gedankenlosigkeit und Bequemlichkeit, haben wir uns mit dieser Einengung unserer Sexualität abgefunden, schwimmen mit im großen Strom derer, die der allgemeinen Erwartungshaltung entsprechen. Aber hat ein solcher Drang nach dem Einen nicht auch sehr viel mit Zwang zu tun, der Unlust nachgerade provozieren muß?

Zumindest sorgt die Fixierung auf den Geschlechtsakt genauso wie auf den Orgasmus für einen lusttötenden Erfolgsdruck. Bis heute gilt im allgemeinen Verständnis der

Akt nur dann als gelungen, wenn der Mann einen oder mehrere Orgasmen hatte. Beischlaf ohne Samenerguß ist ein sinnloser Akt. Mehr noch, der Mann gilt als impotent, als krank oder unfähig, wenn er nicht will oder kann. Ein Resultat dieses sinnentleerten Orgasmusmythos ist, daß Männer unmittelbar vor dem Akt oft Unlust und Kraftlosigkeit verspüren. Viele zwingen sich dann zu einem »Höhepunkt«, egal ob sie nun wirklich wollen oder nicht. Zusätzlich gilt es, sich darauf zu konzentrieren, gleichzeitig mit der Partnerin den Höhepunkt zu erleben. Um ihn nicht zu früh zu erreichen, lösen sie im Kopf mitunter sogar Rechenaufgaben ...

Männer haben in den letzten 30 Jahren gelernt, auf ein verabredetes Zeichen hin zu ejakulieren. Was daran einzig erstrebenswert sein soll, bleibt Geheimnis der Sexologen. Ist es nicht viel aufregender, den Höhepunkt des anderen zu erleben, als nur fortgerissen zu werden von der eigenen Triebhaftigkeit, die nur mit sich selbst befaßt ist? Vielleicht aber geht es darum, das Bild des Partners in seiner höchsten Verzückung aus unseren Köpfen verschwinden zu lassen? Vielleicht geht es um die Angst vor der Ekstase?

Die These, daß es hocherotische und erfüllende Abenteuer geben kann, in denen weder Penetration noch Orgasmus vorkommen, stößt vor allem bei den Frauen auf Verständnis. Den Männern klingt das zu sehr nach Kastration. Dennoch wird auch für Männer Sexualität, die ihren Sinn nur aus dem Beischlaf zieht, nach einiger Zeit unweigerlich langweilig. In der Regel kommt man dann zu zwei Schlüssen: Entweder es wird geheiratet, oder man begibt sich auf die Suche nach einem noch größeren »Kick«. Beides kann

nicht glücklicher machen, denn echte und lebenslang anhaltende Spannung ist auch daraus nicht zu ziehen. Die heute anzutreffenden Frustrationen sowohl bei vielen Männern wie auch bei Frauen sollten dafür Beweis genug sein.

Ich hingegen bin davon überzeugt, daß gerade die nichtgenitale Sexualität von so unglaublicher Kraft, Spannung und Schönheit ist, daß man die heutige gestörte Ordnung durch den Zauber der Verführung wieder ins Lot bringen könnte. Das Begehren hat nur durch den Mangel Bestand. Wer wie Don Juan oder Casanova von einer Eroberung zur anderen hetzt, wird nie die intellektuelle Sinnlichkeit und Lust des Minnesängers erleben, der es verstand, die verführerischen Kräfte der Frauen zum Gipfel zu treiben, um ihnen dann in minutiöser Umkehrstrategie Paroli zu bieten.

Die Wünsche der Frauen

Der Minnesänger, der vor der Frau niederkniete, drückte nicht nur Respekt vor ihrer höheren sozialen Stellung, ihrem Einfluß und ihrer Schönheit aus. Er signalisierte damit gleichzeitig Respekt vor den Wünschen der Frauen.

Wenn wir uns erinnern, welches Fazit wir für die sexuelle Revolution der 60er Jahre in unserem Jahrhundert ziehen mußten, können wir die Behauptung aufstellen, daß die weiblichen Spielregeln der Sexualität im Mittelalter größeres Gewicht hatten. Natürlich blieben auch Bedürfnisse der Frauen unbefriedigt, aber hier lautete die Spielregel: Ver-

kehrte Welt. Während heute die Dinge, auf die Frauen vor allem Wert legen – eine erotische Atmosphäre, der kribbelnde Flirt, phantasievolles Werben, Zärtlichkeiten ohne zwingend nachfolgenden Geschlechtsakt – häufig zu kurz kommen, waren sie im Mittelalter zentraler Bestandteil dessen, was man unter Liebe und ihrer Ausdrucksform – der Minne – verstand.

Der männliche Irrtum besteht seit jeher darin, von sich selbst auf die Frau zu schließen. Männer haben sich seit ihrer Jugendzeit daran gewöhnt, ihren Körper als ein Machtinstrument zu sehen und zu gebrauchen. Deshalb erleben sie Situationen, in denen sie Macht ausüben können, auch als lustvoll. Genau diese Lust war es, die Barbarossa als Gefährdung seiner Reichsidee empfand: jeder mickrige Fürst ein Möchtegern-Kaiser.

Von der körperlichen Kraft sind Männer Frauen zumeist überlegen, und schon fordert die Gewohnheit ihren Tribut: Die Überlegenheit wird ganz automatisch im Geschlechterspiel in Szene gesetzt. Frauen sind aber nicht allzeit bereit. Liebe erst schafft die Atmosphäre, die für Frauen den Sex reizvoll macht; keine körperliche Handlung vermag sexuelle Lust zu erzeugen, wenn sie nicht gleichzeitig die Phantasie anregt. Weibliche Erregbarkeit war auch nie zielgerichtet körperlich wie die männliche. Peep-Shows mit umgekehrten Vorzeichen würden mangels Zuschauerinnen bald Konkurs anmelden.

Die Sexualität der Frau und der weibliche Orgasmus sind zudem – obgleich auch Frauen ejakulieren – nicht auf die bloße Spannungsentladung reduziert. Frauen brauchen, um

zur körperlichen Ekstase zu kommen, vor allem Atmosphäre. Die sexuellen Wünsche von Männern und Frauen über einen Kamm zu scheren ist deshalb ein fatales Mißverständnis des Gleichberechtigungsgedankens.

Das sexuelle Empfinden der Geschlechter

Auf der juristischen Ebene ist die unbedingte Gleichsetzung von Mann und Frau notwendig. Es kann jedoch nicht im Interesse der Frauen sein, daß der Unterschied zwischen den Geschlechtern vollständig aufgehoben wird. Berufliche Chancengleichheit, gleicher Lohn für gleiche Arbeit – keine Frage –, außer, daß nicht einmal das erreicht worden ist. Daraus aber eine allumfassende Gleichsetzung abzuleiten, führt in eine Sackgasse.

Gerade in der letzten Zeit wird die Differenz zwischen den Geschlechtern auch in feministischen Kreisen vermehrt diskutiert. Die Befreiung der Frauen von Diskriminierung kann nicht bedeuten, die Männer als das Maß aller Dinge zu sehen und daran alles auszurichten. Wenn wir uns vergegenwärtigen, daß es in der ganzen Gleichberechtigungsdiskussion nie darum gegangen ist, daß die Männer so sein sollten wie Frauen, wird deutlich, daß der Status quo der Männerdominanz unangetastet blieb.

Nach dieser Logik erscheinen nur die Domänen der Männer, nicht aber die der Frauen erstrebens- und erobernswert. Wie üblich, wenn es um politisches Gerangel geht,

spielt die Frage der Macht die einzig ernstzunehmende Rolle, alles andere ist mehr oder weniger schmückendes Beiwerk. So ging es auch bei der ganzen Emanzipationsbewegung weniger um die Frauen selbst, sondern schlicht und ergreifend um Macht und die Möglichkeiten, ihrer habhaft zu werden.

Natürlich ist nicht einzusehen, weshalb Frauen der Zugang zu bislang typischen Männerberufen erschwert sein sollte. Natürlich ist nicht einzusehen, daß sie in der Politik allenfalls die zweite Geige spielen dürfen. Über dem Reklamieren von durchaus berechtigtem Nachholbedarf wurde aber vergessen, das Eigene zu betonen, sich auf die weiblichen Spielregeln zu besinnen und zu versuchen, diese durchzusetzen. Die Frau, die den Chefsessel erobert hat, hat scheinbar das Ziel erreicht. Sie kann nun gleichberechtigt schalten und walten. Sie ist mit der Männerwelt kompatibel geworden – aber ist das nicht lediglich eine neue Form der Anpassung?

Im Geschlechterverhältnis wurden kosmetische Veränderungen erreicht, aber nicht viel mehr. Daß sich der Mann um Schwangerschaftsverhütung ein wenig mehr kümmert als früher, ist unbestritten, aber hat er aufgehört, die Frau als Lustobjekt zu betrachten?

Die Frauen dagegen haben heute zwar keine Scheu, sich gegen plumpe Anmache zur Wehr zu setzen, aber es bedarf meist einer langen vertrauensvollen Beziehung, bevor sie ihre sexuellen Wünsche und Bedürfnisse durchsetzen. Noch immer, so behaupte ich, werden die männlichen Spielregeln kaum in Frage gestellt. Die »Befreiung« durch die sexuelle

Revolution tat ihr übriges. Wo alle Möglichkeiten gegeben sind, die körperliche Liebe zu praktizieren, treten die anderen Aspekte der Sexualität in den Hintergrund. Die eigentlich zu begrüßende Freizügigkeit der heutigen Zeit hat sich in eine große Selbsttäuschung umgemünzt. Was sie verspricht, vermag sie kaum mit einem Wort zu halten. Niemand aber will es so recht bemerken, denn Kritik am »Fortschritt« wird ausschließlich als Konservatismus diffamiert. Wie so oft scheinen wir mit der errungenen Freiheit nichts rechtes anfangen zu können.

Kapitel 4

Das Ritual des Werbens

Das eigentliche Geheimnis des Minnesangs besteht darin, die Frau mit allen Mitteln der hohen Verführungskunst zu umwerben und zu beschwören. Obwohl die Sitten im Mittelalter – wie wir gesehen haben – alles andere als kultiviert waren – wenn es um diesen öffentlichen Frauendienst ging, wandelten sich furchteinflößende Ritter zu den gefühlvollsten Geschöpfen, die mit Hingabe die Saiten ihrer Harfen zupften und mit der Fiedel die Herzen der umworbenen Damen eroberten.

Die drei Kernelemente des Werbens waren: Höflichkeit, Phantasie und Beharrlichkeit.

Neue Formen der Höflichkeit

Was kann uns ein Begriff wie Höflichkeit heute noch sagen? Stellen wir uns doch kurz eine Szene vor, wie wir sie jederzeit und überall beobachten können: Ein Pärchen betritt das Restaurant. Er geht vorneweg, und ehe sie sich versieht, sitzt

er bereits auf dem Stuhl. Die Ellbogen auf dem Tisch und den Blick auf die Frau am Nebentisch gerichtet. Kein Aus-dem-Mantel-Helfen, kein Stühlerücken, kein Lächeln. Nachdem er sich vergewissert hat, daß er später auch von ihrem Essen noch etwas abbekommt, wird die Bestellung aufgegeben. Nun legt er los: Er erzählt von dem schwierigen Projekt, das er gerade am Wickel hat, von den großartigen Chancen, die sich damit eröffnen. Vielleicht geht's schon bald ins Ausland. Sie hört ihm zu: im Moment, weil sie verliebt in ihn ist und sie sich für seine Welt brennend interessiert. Später wird sie ihm zuhören, weil er eben so ist – weil er die Dinge eben loswerden will. Schließlich hat er ja auch den interessanteren Job, und wofür ist eine Beziehung da?

Ähnliches können wir auch in der Werbephase, also beim ersten Kennenlernen beobachten: Gesten der Höflichkeit gelten als antiquiert und auch als unemanzipiert. Schließlich könnte die Frau einem schroff ein: »Das kann ich auch alleine« entgegenschmettern, sobald man für sie die Tür öffnet. Im Gespräch hört er nur mit halbem Ohr zu und konzentriert sich darauf, sie mit den Augen bereits auszuziehen. Ist das »Ziel« erreicht, fühlt er sich plötzlich eingeengt. Entweder zieht er ihr unmißverständlich die Bettdecke weg, oder er packt seine Klamotten, um den Rest der Nacht bei sich zu Hause zu verbringen. Sich charmant bis zur intimsten Intimzone vorzuarbeiten, um dann ein »That was it« zu signalisieren, ist das genaue Gegenteil von höflichem oder respektvollem Verhalten.

Wir können davon ausgehen, daß auch die Minnesänger zu ihren daheim wartenden Ehefrauen ausgesprochen grob

sein konnten. Ihrer Herzensdame näherten sie sich aber nie anders als mit ausgesprochener Höflichkeit und tiefem Respekt. Für uns Heutige könnte das Besinnen auf diese Werte bedeuten: die Partnerin wertzuschätzen, ihr immer unsere ungeteilte Aufmerksamkeit zu schenken, sich für ihre Entwicklung zu interessieren, sie bei ihren Vorhaben zu unterstützen und sich gemeinsam mit ihr über Erfolge zu freuen. Außerdem sie so anzunehmen, wie sie ist, statt sie auf ein Idealbild hin künstlich verbiegen zu wollen.

Aber auch die ritualisierten Höflichkeitsformen, z. B. ihr in den Mantel zu helfen, ihr den Vortritt zu lassen, die angedeutete Verbeugung bei der Begrüßung – vielleicht sogar ein Handkuß, könnten aus der Mottenkiste ruhig wieder ans Tageslicht geholt werden. Wir mögen sie als antiquiert und lächerlich empfinden – ich sehe sie dagegen eher als Zeichen der Zuneigung und der Aufmerksamkeit. Daneben gibt es übrigens auch andere Zeichen aufmerksamen Zugeneigtseins: Blumen am Jahrestag, kleine Veränderungen – die neue Frisur, die schönen Ohrringe – zu bemerken und sich darüber zu freuen, einen netten Liebesbrief in die Tasche zu schmuggeln, bevor die Liebste auf Geschäftsreise geht. In diesen Momenten werden wir zum Diener – genauso wie die Minnesänger vor 700 bis 800 Jahren. Den Kniefall will ich den Männern der 90er Jahre dieses Jahrhunderts ja gar nicht zumuten – obwohl er uns als ritualisierte Geste beim Heiratsantrag erhalten ist.

Phantasie und Beharrlichkeit

Neben der Höflichkeit und dem Respekt sind Phantasie und Beharrlichkeit wichtige Elemente des Werbens um eine Frau: Phantasie hatten die Minnesänger schon allein durch ihre Dichtung und ihre Kompositionen unter Beweis zu stellen. Natürlich waren nicht alle in gleichem Maße kreativ, und manche waren bekannt dafür, daß sie klauten, wo sie nur konnten – schließlich war die GEMA noch nicht erfunden. Aber prinzipiell gehörte es zu ihrer Aufgabe als Liebende, die Dame ihres Herzens für alle ihre Qualitäten zu rühmen. Sie aber hätte es mit Sicherheit sanktioniert, wäre der Tölpel jedes Mal mit dem gleichen Lied bei ihr vorstellig geworden.

Sollen wir also heute alle Dichter und Sänger werden? Wer einer Frau schon einmal – unter Aufwendung von Mühe – ein Gedicht gewidmet, ein Möbelstück gebaut oder ein Lied komponiert hat, weiß, daß diese Liebesgeschenke jeden Diamanten in den Schatten stellen. Und wenn man nun aber partout nicht musisch oder handwerklich begabt ist? Dann finden sich andere Formen des phantasievollen Werbens: Sie am Freitagabend mit gepackter Tasche von der Arbeit abholen und zum Wochenendurlaub entführen, ihr Lieblingsessen zu kochen, sie zum Zahnarzt zu begleiten, an ihrem Geburtstag eine Überraschungsparty zu veranstalten, sich von ihr an die Orte ihrer Kindheit führen zu lassen, einmal auf die Karriere pfeifen und statt dessen blaumachen, um den Tag mit ihr zu verbringen.

Von Bedeutung ist, etwas zu investieren, Zeit zu opfern, zu versuchen, Herzenswünsche zu erfüllen, zu zeigen: Ich

habe aufmerksam zugehört, ich weiß, was dir Freude machen kann. Man muß ja nicht gleich so weit gehen wie Ulrich von Lichtenstein, der der Angebeteten seinen Ringfinger als Zeichen seiner Liebe schicken ließ.

Der Liebesbeweis

Ulrich von Lichtenstein hatte seine Aufgabe sehr ernst genommen, denn zum Minneritual gehörte unabdingbar eine Minnegabe (ein persönliches Geschenk) und ein Liebesbeweis (eine mutige Tat). Die Dame des Herzens hatte ein Recht darauf. Für sie in den Kreuzzug zu ziehen, galt als besonders schick, denn was ist persönlicher als das eigene Leben? Und was war mutiger, als es aufs Spiel zu setzen? Verständlicherweise waren die wenigsten Minnesänger davon sehr begeistert.

Ulrich von Lichtenstein mußte sich dennoch schwer ins Zeug legen, um die Gunst seiner strengen und übermütigen Flamme zu erwerben. Für sie läßt er sich die Hasenscharte operieren – zur damaligen Zeit ein nicht allein schmerzhafter, sondern auch lebensgefährlicher chirurgischer Eingriff. Damit nicht genug: Von ihr wird er in Frauenkleidern quer durchs Land geschickt – zum Spott seiner Geschlechtsgenossen. Er mischt sich unter die Aussätzigen und ißt aus ihren Schüsseln, wobei es ihn vor Ekel schüttelt. Zum Lohn darf er ihr Gemach betreten, wird aber stante pede aus dem Fenster befördert; ein Misthaufen sorgt wenigstens für ei-

nen weichen Aufprall. Als er sich nicht abhalten läßt und sich, um Eindruck zu schinden, sogar besagten Ringfinger abhackt, da meinte die Dame – als ihr das unappetitliche Präsent überreicht wurde –, nun sei er denn doch ein biß-chen zu weit gegangen. Sie bedaure die »große Gschicht'«, sagte sie und versprach ihrem Ulrich, er dürfe sofort ins Schlafgemach eilen, sobald sie als Zeichen ihren Korb aus dem Fenster genommen habe. Augenscheinlich hat sie es sich dann aber doch anders überlegt: Während Lichtenstein bei Wind und Wetter unter ihrem Fenster campte, scherte sie sich den Teufel um ihn. Die Redensart »einen Korb be-kommen« geht vermutlich auf diese Begebenheit zurück.

Nicht bekannt ist, daß Ulrich von Lichtenstein sich von diesen Grillen hat frustrieren lassen. Er zog von Turnier zu Turnier, um sich im Dienst seiner Dame zu bewähren. Von der Hoffnung beseelt, durch diese Dienste die Huld der Angebeteten zu erringen, schickte er ihr jedes neue Lied, das er zu ihrem Lob verfaßt hatte. Aus dem Selbstverständnis des Minnesängers heraus hat er den Namen seiner An-gebeteten verschwiegen. Der Darstellung jedoch ist zu ent-nehmen, daß sie einen weitaus höheren Rang als er beklei-det haben muß. Lichtenstein selbst stammte aus einer steirischen Ministerialfamilie und wurde mit zwölf Jahren an einen fremden Hof geschickt, um mit anderen Edelknap-pen der Herrin aufzuwarten. Seiner Minneherrin diente er bis zur Aufnahme in den Ritterstand.

Auch Kristian von Hamle mußte Erfahrungen mit einem Korb machen: Als ihn seine Holde darin zum zärtlichen tête à tête über die Burgmauer ziehen wollte, blieb der »Fahr-

stuhl« plötzlich zehn Meter über dem Erdboden stecken. Es war aber keine technische Panne, die den armen Ritter die ganze Nacht in seinem ungemütlichen Gehäuse hängen ließ, sondern pure Fopperei, die ihre Wirkung auf das Publikum am nächsten Morgen nicht verfehlte ...

Wobei wir auch noch die dritte Tugend, die Beharrlichkeit, erläutert hätten. Beharrlichkeit hieß: sich ausdauernd zu bemühen, immer vollkommener zu werden, um der Dame des Herzens würdig zu sein – daß heutzutage vor allem in den festen Beziehungen das Gegenteil der Fall ist, dürfte kein Geheimnis sein.

Wer seine große Liebe beim ersten Streit gleich ziehen läßt, wer nur noch am Samstagabend lebendig wird, solange die Sportschau läuft, wer sich nicht bemüht, immer der Märchenprinz zu bleiben, in den sie sich einst verliebt hatte, glänzt nicht gerade in puncto tugendhafter Beharrlichkeit. Statt dessen gilt es, in die eigene Attraktivität zu investieren, mutig um die Liebe zu kämpfen und die Herzensdame in ihrer Wahl immer wieder aufs neue zu bestätigen.

Minne ist nicht gleich Minne, haben wir gesagt. So unterscheiden wir die hohe und die niedere Minne. Die hohe Minne ist deckungsgleich mit Barbarossas Kulturprojekt. Hier wurde die unerreichbare Frau regelrecht beschworen. Als »süezen lôn« gab es eine freundliche Geste, ein Lächeln oder ein Liebespfand. Wenn er Glück hatte, durfte er der Liebesdiener seiner Herrin werden. Das Wort »Dienst« wurde aus dem gesellschaftlichen Bereich einfach auf die Geschlechterbeziehung übertragen und sollte auch dazu dienen, das feudale Abhängigkeitsverhältnis zu stärken.

Liebe als Dienst zu sehen, das war schon Ovid in seinen »Amores« nicht fremd, die Minnesänger freilich stellten diesen Gedanken in den Mittelpunkt. Die Frau, deren höhere Stellung immer respektiert wurde, durfte erwarten, von dem ihr unterstellten (besser: dem sich ihr freiwillig unterwerfenden) Sänger für alle vorhandenen und nicht vorhandenen Vorzüge gepriesen zu werden.

Je weiter die Dame jedoch in den Himmel gehoben wurde, desto mehr durfte sie darauf pochen, der vor ihr kniende Sänger habe noch einige Leistungen zu erbringen, um ihrer überhaupt würdig zu sein. Barbarossas Erziehungsplan erfuhr durch diesen verbindlichen Ritus eine Individualisierung, wie sie perfekter gar nicht vorstellbar ist: Jede einzelne unerreichbare Schöne verlangte von ihrem Anbeter im Prinzip nichts anderes, als daß er seine Schularbeiten in Sachen der neuen Staatsräson mache.

Damit hatte sich das politische Anliegen des Landesherrn in eine tausendfache Aufforderung aus holdem Frauenmund gewandelt. Die Burgen waren auf einen Schlag nicht allein in Flirttempel, sondern vor allem in Benimmschulen verwandelt, und der Kaiser hatte nicht einmal einen Pfennig dazugezahlt. Nur wenn der Minnesänger seinen »lôn«, den er stets als »süez« empfand, nicht erhielt, hatte er das Recht, den Dienst zu quittieren und sich eine andere Dame zu suchen.

Die eigene Inszenierung

Zur vollendeten Verführung gehört es natürlich, sich selbst so vorteilhaft wie möglich darzustellen. Die Minnesänger hatten dabei keine Hemmungen, auf sämtliche erprobten Instrumentarien aus dem Tierreich zurückzugreifen: Sie kämpften mutig wie die Löwen, sie klopften sich vor den Turnieren an die Brust und stießen dabei ein Gebrüll aus wie Gorillas, sie sangen wie die Rotkehlchen, und sie putzten sich heraus wie die Pfauen.

In der Wahl ihrer Kleidung orientierten sie sich an der Mode aus Frankreich und Italien. Sinnliche, körperbetonte Kleidung war beim Balzen angesagt: Unter dem Minirock zeigte man viel bestrumpftes Bein, die Breite der Gürtelschnalle symbolisierte Potenz, und an den fast bis zum Boden reichenden Ärmeln waren Bänder und glänzende Knöpfe angebracht. Die Minnesänger waren die Trendsetter der Hofmode, und es war ihnen egal, wie unpraktisch diese beim Tragen war. So gab es Kragen, bei deren Benutzung es gar nicht anders ging, als sie in die Suppe zu tauchen. Aber es war bei Todesstrafe verboten, diese Undinger beim Essen abzunehmen.

Die langen Schnabelschuhe machten das Gehen zum halsbrecherischen Akt, aber je länger die Spitzen, desto hochrangiger der Künstler und damit durchaus auch seine Attraktivität. Von der Kirche wurde diese Kleidung, wie sollte es anders sein, als zu erotisch verpönt. Schließlich: Wie sollte solches Schuhwerk zum christlichen Tagwerk taugen! Bis zum 12. Jahrhundert gibt es so gut wie nichts von der

Haute Couture in Deutschland zu berichten, und ohne das Erlebnis der Farbenpracht des Morgenlandes wären unsere Vorfahren wohl noch Jahrzehnte in ihren sackähnlichen Gewandungen herumgelaufen. Nun aber kamen wertvolle Stoffe in Mode. Samt aus Italien, Seide und Baumwolle aus dem Orient. Die enganliegenden Beinlinge waren aus mehreren Teilen zusammengesetzt und brachten die Lenden vollends zur Geltung. Die Röcke wurden irgendwann so kurz, daß man auch sonst alles sah.

Aber auch Frauen legten mehr Wert auf körperbetonte Kleidung, die die Minnesänger heftig in ihrer Phantasie beflügelt haben dürfte. Sie trugen parfümierte Handschuhe und Goldschmuck, später wurden auch die Dekolletés immer tiefer. Sittenstrenge Pfaffen hatten von nun an etwas, worüber sie sich ereifern konnten. Dieser Zustand hat bis in unser Jahrhundert angehalten, bis es selbst der hohen Geistlichkeit zu dumm wurde, sich über den Minirock zu ereifern. Aber nicht nur sie: Auch der englische König Heinrich IV. zeigte sich peinlich berührt über die tiefen Einblicke, die er bei seinen Hofdamen gewann.

Daneben gab es die Statussymbole, wie wir sie heute in Form des BMW-Schlüssels oder des teuren Armani-Hemdes kennen. Damals zeugten Schilde mit prächtigen Wappen – quasi als mittelalterliche Personalausweise – vom Stand ihres Trägers. Und warum nicht auf einem feurigen Hengst angeritten kommen, um der Schönen zu zeigen, daß man in den letzten Monaten reichlich Gage eingestrichen hatte und offensichtlich eines Zeichens der Zuneigung wert war? Als Meister der Verführung haben es die Minnesänger auf jeden

Fall trefflich verstanden, sich selbst ins beste Licht zu rükken.

Allein mit Geld oder Status war aber nichts zu richten. Bei der Liebesgabe, die darüber entschied, ob die Erwählte den Minnedienst annehmen und ihn dann mit einem Kuß besiegeln würde, mußte man sich selbst hineingeben und nicht etwa eine Stange Geld. Den jungen Knappen, zu deren Ausbildung auch die Unterweisung in den Grundregeln des Minnedienstes gehörte, wurde zu diesem Zwecke immer das Schreckbild eines bärtigen Alten vorgehalten, der seiner hehren frouwe Geld überreichte und dafür in Schimpf und Schande nackt vom Hofe gejagt wurde, hatte er sie doch wie eine Kurtisane behandelt.

Männer, die sich für unattraktiv halten, können von den Minnesängern lernen. Denn es geht allein darum, Vorteilhaftes zu betonen, Mühe und Phantasie auf das Äußere zu verwenden und sich nicht zu scheuen, in Modedingen auch mal etwas Mut zu beweisen. Walther von der Vogelweide entschied sich dafür, seine Einzigartigkeit durch eine ganz individuelle Gangart zu unterstreichen, und so war es sein Markenzeichen, beim Gehen in den Knien zu wippen. (Beim Ministery of silly walks der Monthy Pythons hätte er sicher Fördergelder einstreichen können.)

Entscheidend ist aber letztlich sowieso nicht das Äußere, um von der Liebsten erhört zu werden. Für die mittelalterliche höfische Liebe galt, was auch die Botschaft der Legende von Cyrano de Bergerac ist: Du magst eine noch so lange Nase haben und nicht gerade die Idealfigur des Adonis – man kann eine Frau auch auf andere Art und Weise in sich

verliebt machen: ihr Aufmerksamkeit und totale Leidenschaft entgegenbringen, sie phantasievoll umwerben, sich in gefährliche Abenteuer stürzen, um ihr den Liebesbeweis zu überbringen, kurz: der Mann ihres Herzens werden – auch wenn die Augen dem noch nicht ganz trauen.

Die wahre Schönheit sehen

Frauen haben es seit jeher beherrscht, die wahre Schönheit eines Menschen zu erkennen. Jegliche Kontaktanzeigen sind in dieser Hinsicht äußerst aufschlußreich. Während Frauen den verständnisvollen, aufmerksamen Partner mit ähnlichen Interessen suchen, legt der Mann viel Wert aufs Äußerliche. Groß soll sie sein (aber nicht größer als er), möglichst blond soll sie sein, vor allem aber schlank. Wenn er selbst nicht wenigstens 1,85 m zu bieten hat oder einen tollen Körper, dann bringt er als Gegenwert den Akademikergrad, das eigene Haus oder ein Spitzengehalt ein.

Jeder Mann entwickelt im Laufe seines Lebens ein Liebesmuster, quasi ein Raster, mit dessen Hilfe potentielle Partnerinnen auf ihre Tauglichkeit geprüft und in einzelne Kategorien eingeordnet werden: kompatibel oder nicht kompatibel. Um zur richtigen Partnerin zu finden, braucht er eigentlich nur eine Checkliste abzuhaken; die Traumfrau wird strategisch eingegrenzt und muß nur noch gefunden werden.

Und was passiert dann? In der ersten Phase der Liebes-Trunkenheit wird an einer gemeinsamen Zukunft gebaut,

werden Schlösser errichtet, wird selbstverständlicher Reichtum erworben, dauerhaftes Glück und immerwährende Zukunft geplant. Dann erkennt man, daß man es mit einem menschlichen Gegenüber und nicht mit einem Abziehbild zu tun hat. Kleinigkeiten sind schließlich verantwortlich, daß man aus dem zeitweiligen Zustand emotionaler Euphorie wieder erwacht. Der heißen Phase schnellen Begehrens folgt die Sättigung. Liebesschwüre werden relativiert, und die bereits großzügig ausgestellte Bankvollmacht für die größte Liebe des Lebens wird storniert.

Nicht unterschätzen darf man auch, daß oft Prestigedenken mit im Spiele ist. Heute haben sich die »Eroberung« und der »Besitz« eines vorgeblich schönen Menschen zu einem reinen Statussymbol entwickelt. Je größer die Differenz der Attraktivitäten der Partner, desto höher der Prestigegewinn. So ist es auch nicht verwunderlich, daß heute äußerlich scheinbar unattraktive, sonst aber erfolgreiche Männer sogenannte Trophäenfrauen nötig haben. Ein Phänomen, das allerdings in bescheidenerem Maße auch bei Frauen anzutreffen ist. Ein Minderwertigkeitskomplex wird hier überspielt: Man will sich im Glanz des anderen sonnen, sein eigenes Äußeres aufwerten (»Wenn eine solche Frau diesen Typen nimmt, muß ja was dran sein an ihm ...«). Verführung ist aber nie das Resultat allein der körperlichen Anziehungskraft des Gegenübers. Der Aspekt der Persönlichkeit spielt eine viel gewichtigere Rolle. Die Minnesänger waren in dieser Hinsicht wesentlich weiter.

Selbstverständlich gab es auch im Mittelalter ein weibliches Schönheitsideal, das von ihnen verherrlicht und in den

Liedern immer wieder beschworen wurde. In einer überlieferten Schrift heißt es zum Bild einer idealen Frau: Sie sollte schönes helles Haar, eine hohe Stirn und geschwungene ebenholzartige Augenbrauen besitzen. Dunkle oder haselnußbraune Augen, dünne Wimpern, Ohren von der Farbe heller Rubine und zinnoberrote Wangen, die an einen Sonnenuntergang erinnern. Ein ebenfalls zinnoberroter kleiner Mund, der möglichst nicht mehr als fünf oder sechs der oberen Zähne zeigt, eine schmale, leicht nach oben gebogene Nase und ein langer, schmaler Hals – das waren die wichtigsten Merkmale für eine schöne Frau. Im Gegensatz zu heute aber wurden die beschriebenen Äußerlichkeiten als ein Ideal aufgefaßt. Wenn schließlich ein Minnesänger für eine »frouwe« entflammt war, kam jede Angebetete dieser Vorstellung nahe. Eine edle Dame war in erster Linie charakterlich vollkommen und deshalb verehrungswürdig.

Die rosarote Brille

Die Besungene war a priori immer die Schönste und Anbetungswürdigste. Der Wille des Minnesängers, sich zu verlieben, ließ sie zur schönsten Frau werden. Er setzte sich die rosarote Brille auf und blockte alle Informationen ab, die seinem Tun hinderlich sein konnten. Er konzentrierte sich ausschließlich auf die Schönheiten, die er sehen wollte, beispielsweise ein Paar strahlende Augen, und er nahm gar

nicht wahr, daß vielleicht die Nase der Angebeteten, ihr Teint oder ihre Figur nicht gerade dem Schönheitsideal entsprachen. Dies ist als eine Entkräftung der Wirklichkeit, als ein Willensakt zu verstehen, der mit dem rüpelhaften »Sichjemand-Schöntrinken«, weil Alkohol ähnliche Wirkung entfaltet, nichts zu tun hat. Wir brauchen es den Frauen nur abzuschauen. Sie verstehen es, von seinen süßen Grübchen, von seinen ausdrucksvollen Händen, von seinem charmanten Lächeln, von diesen unglaublichen Augen zu schwärmen und selbst den körperlichen Macken noch etwas abzugewinnen, das ihr Interesse weckt. Würden auch wir Männer weiter sein, was die Entdeckung wahrer Schönheit betrifft, dann wären wir auf der Suche nach der Partnerin, mit der wir wirklich glücklich werden können, vermutlich einen großen Schritt weiter.

Verführung lebt von der Entkräftung der Wirklichkeit, von der Welt des Scheins und der Illusion. Ein Mensch bezaubert uns, lautet eine stehende Wendung. Machte man sich die kleine Mühe, dem ursprünglichen Wortsinn nachzuforschen, wüßte man sofort, was damit gemeint ist. Wie eine Person tatsächlich aussieht, interessiert unsere Lust nicht im geringsten. Wir werden versuchen, uns zu suggerieren, eine Person entspräche in ihrem realen Dasein unserem Idealbild und umgekehrt: Es ist also völlig gleichgültig, ob man so aussieht, daß Adonis höchstpersönlich die Waffen strecken würde, oder ob man den Spiegel nicht mehr leiden mag, sobald man hineinblickt. Nicht wie man aussieht, macht verführerisch, sondern wie schön man *wirkt*.

Lambada der Liebe – Gestik und Mimik

Schönheit wird übrigens oft mit gelungener Gestik und Mimik verwechselt. Die Minnesänger wußten das und setzten ihre Körpersprache beim Flirt mit der Holden ganz bewußt ein. Eine Sonnenbrille hätte damals sicher einiges Aufsehen erregt, nie aber hätte man einen Minnesänger dazu bewegen können, sie beim Frauendienst aufzusetzen – er hätte sich eines seiner wichtigsten Ausdrucksmittel nicht freiwillig beraubt. Mit dem »Pfeil des Auges« versuchte er, die Distanz zu überwinden und die Angebetete in ihrem Innersten zu erreichen. Auch heute ist der Blick die erste Begegnung, die einen mitten ins Herz treffen kann. Beim minnenden Liebespaar war aufgrund der einzuhaltenden Distanz der Blick so wichtig, daß es einem entkörperten Duell gleichkam, das höchste Lust bereiten konnte.

Der Blick sollte immer auf die Augen und nicht aufs Gesicht gerichtet sein, und wirkungsvoll ist er vor allem dann, wenn er eine Sekunde zu lang andauert und von einem verlegenen Wegschauen abgeschlossen wird. Die Meisterschaft erreicht man aber nur, wenn die Augen das, was sie sehen, als schön und liebenswert empfinden, egal ob es der »objektiven Realität« entspricht oder nicht.

Anders ist auch das Funktionieren des »Lächelns der Wangen«, des »Flehens der Lippen« oder des »Drängens der Augenbraue« nicht zu erklären: Wer diese Ausdrucksmittel beherrschen will, muß eine bestimmte Geisteshaltung beherrschen: Es geht nicht darum, ein Ziel zu erreichen. Denn was hier passiert, *ist* bereits Sexualität!

Die Minnesänger im Mittelalter nahmen eine harte theoretische und praktische Ausbildung auf sich, um mit ihrer Form des Werbens erfolgreich zu sein. Als eingewiesene Sänger wußten sie den Klang ihrer Stimme einzusetzen, und als erfahrene Bühnenkünstler verstanden sie sich natürlich auch auf Dramaturgie. So wie sie die Höhepunkte ihrer Lieder sorgfältig planten, hatten sie sich auch eine Strategie zurechtgelegt, um die Frau mit dem gesamten Einsatz ihrer Person zu beeindrucken. Was ist davon auf heute zu übertragen?

Je mehr Einfühlungsvermögen wir in unsere eigene Gefühls- und Gestenwelt haben, desto besser verstehen wir die Gefühlswelt und Gebärdensprache anderer. Je mehr jemand mit sich selbst im Einklang ist, desto geringer ist die Gefahr von inkongruenten Signalen.

Körpersprache und Sprache sind voneinander abhängig. Nur im perfekten Wechselspiel entfalten sie ihre Wirkung. Beim Flirt kommt es darauf an, den Körper in voller Spannung (nicht Verspanntheit!) zu halten und wach zu sein mit allen Fasern. Selbst wie man steht, hat Bedeutung: Es muß sicher und zugleich leicht wirken, damit vermittelt man Stetigkeit, und vor allem sollte man sich gerade halten, was Sicherheit signalisiert. Schon kleine Abweichungen senden ganz andere Botschaften: Neigung nach vorn – Unsicherheit aus: Neigung nach hinten – Überheblichkeit. Auch wie man geht, ist nicht beliebig, und da hat man es als moderner Mensch leichter als der Minnesänger in seinen Schnabelschuhen, die eine eher storchenhafte Anmutung vermittelten und in der Handhabung nicht ganz unbedenklich wa-

ren. Statt dem Waltherschen Wippen in den Knien ist der Zehengang anzuraten, der kräftig wirkt und raumausgreifend ist. Er signalisiert Selbstvertrauen.

Ruhe ist die erste Bürgerpflicht, so auch hier. Hektisches Herumgestakse wirkt allenfalls lächerlich, und wer plötzlich die Schultern zurückreißt, gibt nur zu, daß er sich zu gerader Haltung zwingen muß. Auch Herumfuchteln mit den Armen oder unkontrolliertes Gestikulieren wird schwerlich den Eindruck der freundlichen Selbstsicherheit transportieren, auf den wir Wert legen. Große Armbewegungen dagegen, wenn sie langsam genug ausgeführt werden, imponieren und drücken Pathos aus.

Nähe und Distanz

Von besonderer Bedeutung ist es, der Frau, mit der wir gerade ins Gespräch gekommen sind, nicht zu nahe zu kommen, aber auch nicht so weit entfernt von ihr zu stehen, daß man besser ein Megaphon zu Hilfe nähme. Auf den richtigen Abstand kommt es an, und die alten Minnesänger wußten bestens Bescheid, den Raum so aufzuteilen, daß das rechte Maß gewahrt blieb. Sie unterschieden zwischen einer intimen Zone, einer persönlichen Zone, einer sozialen und einer öffentlichen Zone, wie die heutige Sozialwissenschaft diese Bereiche kennzeichnet. Uns sollen hier nur die beiden ersten Zonen interessieren.

Die intime Zone des Menschen ist ein Heiligtum. Wer

sie, gewollt oder ungewollt, verletzt, mißachtet sein Gegenüber. Wenn wir dennoch – wie etwa im überfüllten Fahrstuhl – dazu gezwungen werden, fühlen wir uns entsprechend unwohl und ignorieren die anderen, als ob sie nicht in nächster Nähe stünden. Die relative Größe der intimen Zone ist abhängig vom sozialen Status unserer Flirtpartnerin: Je höher sie steht, desto größer die Zone. Erst, wenn man das unbedingte Vertrauen seiner Partnerin genießt, darf man die intime Zone betreten. Als Faustregel sind das eine bis eine halbe Armeslänge. Der Vorteil beim Minnesang übrigens: Die Harfe teilt die intime Zone, man kommt sehr nahe an die Partnerin, ohne sie zu bedrängen.

In die persönliche Zone werden alle eingelassen, mit denen wir nicht auf so vertrautem Fuße verkehren, daß wir sie in die intime Zone ließen, die uns aber näher sind, als daß wir sie in der sozialen Zone stehenlassen möchten. Hier deutet sich eine größere Distanz an, gemeint ist der Abstand, den einander fremde Menschen beim Gespräch auf der Straße einhalten.

Von besonderer Bedeutung ist unser Sprechen: Der Ton macht die Musik. Deutlich sprechen und nicht herumnuscheln sollte sich von selbst verstehen. Peinlich endet oft der Versuch, unserer Stimme einen besonders männlichen, tiefen Klang zu geben. Auf der Inhaltsebene müssen wir uns mit dem Wort und dem Tonfall beschäftigen, auf der Beziehungsebene bekommen wir es mit Sprachgeschwindigkeit und -melodie, Mimik, Haltung, Gestik und den immer so schwer abzuschätzenden Pausen zu tun.

Wer flirtet, der muß reden. Denn wir wollen die Frau

nicht damit langweilen, daß wir sie stumm wie ein Fisch anhimmeln. Was wir sagen, ist allerdings erst in zweiter Linie bedeutsam. Wichtiger ist, wie wir es sagen. Der Ton macht die Musik. Er wird von der Sprachmelodie getragen, aber bedeutsamer noch ist der Sprachrhythmus. Ein einfaches Beispiel mag das verdeutlichen: Nehmen wir einen beliebigen Schlager und bürsten den Rhythmus vollkommen gegen den Strich: Keiner wird das Lied erkennen. Stimmt der Rhythmus, aber hapert es mit der Melodie, haben wir diese Schwierigkeiten nicht.

Interessant ist auch die Synchronisation der Körpersprache der Liebenden, wie sie mittlerweile gut erforscht worden ist. Betrachten wir doch eine ganz normale Flirtszene: Werden zwei Menschen aufeinander aufmerksam, beginnt die Werbephase. Einer sucht zunächst den Blickkontakt und läßt sich etwas einfallen, um in die Nähe des anderen zu gelangen. Man kommt einander langsam bis auf 40 Zentimeter nahe, und meist entspinnt sich ein belangloses Gespräch mit austauschbaren Fragen. Es sind Fragen, die persönliche Antworten zulassen, aber nicht allzu persönlich sind: »Bist du oft hier?« »Ganz schön voll heute, nicht?«

Das ist sicher keine anspruchsvolle Konversation, aber diese einfachen Fragen tun ihren Dienst und lassen witzige, unverbindliche Antworten zu. Dann beginnt ein visuelles Abtasten in der oberen Körperregion: Mit den Augen tastet man das Gesicht ab und bekundet durch die Mimik Interesse. Das Interesse, das das Gegenüber wiederum signalisiert, gilt es nicht zu verlieren. Ein untrügliches Zeichen für Sympathie, so hat die Wissenschaft herausgefunden, ist eine Er-

weiterung der Pupillen bis zu 45 Prozent – man muß schon
arg dösen, um ein solches Signal zu verpassen. Dieser Au-
gengruß, der als Kontaktbereitschaft zu verstehen ist, geht
einher mit einem Lächeln.

Schon mit der Pupillenerweiterung sind wir in die Erkennungsphase eingetreten. Lächeln und Blicke sind das Bin-
demittel in dieser Phase.

Man könnte diesen Gesprächsbeginn auch mit Geplänkel abtun, und über die Qualität des Gesagten gibt es auch
keinen Zweifel. Trotzdem ist es nicht so, daß nur verbale
Nichtigkeiten ausgetauscht werden, denn dieses erste Gespräch ist nichts anderes als der Versuch, ein gemeinsames
Bezugssystem zu finden und ein wenig Selbstdarstellung zu
betreiben. Aussagesätze kleiden sich in Fragen. Man will,
ohne daß es recht deutlich werden soll, etwas vom anderen
wissen. Im weiteren Verlauf des Gesprächs werden die Körper einander zugewandt, schließlich steht man vis à vis. »Po-
sitioning of courtship« nennt das der Engländer. Die An-
spielung auf den Ursprung des Ritus ist deutlich.

Dieses einander Zuwenden, miteinander Reden, das von
allen Elementen des Minnesangs wie »Pfeil des Auges« oder
»Lächeln der Wangen« begleitet wird, ist nichts anderes als
eine Synchronisation des Verhaltens. Heute heißt das sa-
lopp: eine Wellenlänge herstellen. Mitten in dieser Synchronisation können wir Bewegungen beobachten: Die Frau
zupft an ihrem Pulli, der Mann streicht sich durchs Haar
oder reibt sich an den Nasenflügeln. Das alles sind Hinweise
für Aufmerksamkeit und Interesse.

Meist läuft diese Interaktion völlig unbewußt ab. Man

weiß nicht, daß man sich mit der Hand durch die Haare fährt. Man weiß auch nicht, daß es als Zeichen von Aufmerksamkeit registriert worden ist. Diese Gesamtchoreographie ist so kompliziert, daß sie kein Mensch in ihrer Ganzheit im Blick behalten kann. Das würden nur Computer schaffen. Allerdings – und das ist die schlechte Nachricht für alle, die gern nach einer Gebrauchsanweisung vorgehen: Es gibt keine allgemeingültigen Modelle.

Jeder hat seinen eigenen Rhythmus. Jedesmal ist diese Liebes-Choreographie etwas ganz Besonderes. Es gibt keine Normen, keine Verhaltensrichtlinien, an denen man sich zur Not entlanghangeln kann. Doch, eine gibt es: Nach vier Minuten sollte man von der Werbephase in die Erkennungsphase übergegangen sein. Geschieht dies nicht, sind danach kaum neue Handlungsfolgen zu erwarten. Wenn nicht eine überraschende Wende eintritt, werden beide in absehbarer Zeit von ihrem Liebeskarussell steigen.

Die Werbungs-, Erkennungs- und Interaktionsphasen beanspruchen etwa die ersten zehn Minuten; sie sind unfallfrei überstanden, wenn ein gemeinsamer Rhythmus aufgenommen wird, und dann wandelt sich der »Werbungstanz« in der Verführungsphase zum »Lambada der Verliebten«.

Die Synchronisation bei der Partnerwerbung ist die höchste erreichbare Leistung interaktionaler Abstimmung unter Menschen überhaupt. Die Choreographie reicht von Kopfbewegungen bis zur Synchronisation des ganzen Körpers. Alles läuft wie zufällig ab und ist kaum als ein Muster erkennbar. Damit verglichen ist die Imitation, das Nachahmen der Bewegungen des Partners, eine eher niedrige Koor-

dinationsstufe, sie kommt über die simple Körpersprache nicht hinaus.

Jede Geste, jede Muskelbewegung hat eine Bedeutung, selbst ein kleiner Augenaufschlag sendet ein Signal, auf das die Partnerin reagiert – möglicherweise nicht so wie erhofft; vielleicht haben wir uns mit einem kleinen gestischen Zeichen vertan.

Entsprechende Verhaltensrichtlinien sind den mittelalterlichen Erfahrungen abgelauscht und in die heutige Zeit transponiert worden; daß jede Flirtschule inzwischen damit hausieren geht, zeigt, daß man um sie nicht herumkommt. Sicher, ohne sich darum zu kümmern, welche Quellen sie da anzapfen.

Die Macht der Rituale

Die Minnesänger wußten um die Macht der Rituale. Sie achteten genau auf das Eröffnungsritual, das Abgrenzungsritual, das eigentliche Werberitual und schließlich das Schlußritual. Wie das funktioniert, werde ich im nächsten Kapitel ausführlicher erläutern, wenn es um meine Praxis als moderner Minnesänger geht.

Rituale? Das klingt nach Mystifizierung, schmeckt nach kultischen Zeremonien – was hat so etwas Unmodernes in unserer aufgeklärten Zeit überhaupt noch zu suchen? Allenfalls gestehen wir der Kirche Rituale zu, aber auch die riechen uns verdächtig nach alten Zöpfen.

Wie aber steht es mit dem Händeschütteln zur Begrüßung und zum Abschied? Was sonst als ein Ritus verbirgt sich dahinter? Schauen wir uns daraufhin unseren Alltag ein wenig aufmerksamer an, werden wir schnell dahinterkommen, daß wir tagtäglich eine wahre Unzahl an Riten vollziehen – nur daß uns das nicht bewußt ist. Riten sind eine Beschwörung, die positive Kräfte wecken will. Was anderes ist die offen hingehaltene Hand als eine nonverbale Bekräftigung einer friedfertigen und ehrlichen Haltung?

Riten entsprechen dem menschlichen Schutz- und Stützbedürfnis, ihre Wurzeln reichen bis in die Anfänge des Menschseins, und an den gängigen Mustern hat sich bis heute nichts geändert. Riten sind das Schmieröl im menschlichen Getriebe. Sie symbolisieren die Regeln im Geschlechterspiel, und ohne Regeln gibt es kein Spiel. Ohne Spiel jedoch bleibt nicht mehr als der nur auf Befriedigung reduzierte Paarungsakt.

Das Kußritual ist nur deshalb so aufregend, weil es nicht allein körperliche Nähe, sondern ein unbeschreibliches Glücksgefühl durch emotionale Nähe vermittelt. Die Eskimos erleben das gleiche bei ihrem rituellen Näseln, was uns Mitteleuropäern allenfalls eine körperliche Sensation, kaum aber Emotion erlebbar machen würde – dieses Ritual aus einem anderen Kulturkreis kommt in unseren Beziehungen als Zeichen nicht vor. Hier findet sich auch die Begründung, warum exotisch anmutende Rituale, zum Beispiel aus dem Fernen Osten, in uns keine Entsprechung finden und deshalb in unser Geschlechterspiel nicht integrierbar sind – sie

rufen allenfalls schöne Bilder in uns hervor, die wir aber nicht zu deuten oder gar umzusetzen wissen. Wohlgesetzte Kommunikation und Körpersignale sind nur die Hälfte der Wahrheit. Irgend etwas fehlt noch, eine zusätzliche Bezugsebene, eine unbewußte Brücke zwischen den Menschen, auf der sie aufeinander zugehen können. Diese geheime Verbindung ist durch das simple Erlernen von Techniken nicht herzustellen. Es bedarf zusätzlich der Kraft der Rituale und der unbewußten positiven Botschaften, die an das Unbewußte rühren und eine erstarrte Optik aufbrechen. Darüber war man in der Minnezeit ausführlich informiert. Da gehörte es wahrlich zum »guten Ton«, sich auf dieser Bezugsebene zu bewegen. Mit Hilfe der Rekultivierung des Minnesangs sollte es möglich sein, dieses fehlende Dritte wieder in die Geschlechterbeziehung zu implizieren. Das sollte um so eher funktionieren, als diese jetzt noch so geheimnisvoll anmutende dritte Ebene eines gemeinsam hat mit den vertrackten Kompliziertheiten des menschlichen Daseins: Sie fußt auf einfachsten Gegebenheiten, die kein mehrjähriges Zusatzstudium erfordern. Es klingt banal, aber dieser so bedeutsame Brückenschlag bedeutet nichts anderes als die Entwicklung offener, toleranter Einstellungen uns selbst und anderen gegenüber, die mit einem subtilen Erfassen von Menschen, Umständen und Situationen einhergeht. Eine gewisse Intensität ist dabei vonnöten, mit Beliebigkeit ist nichts ausgerichtet, und so ist es nicht verkehrt, wenn wir den Begriff »Beschwörung« als Ausweis unserer ernsthaften Bemühungen ins Spiel bringen.

Erstaunlicherweise hält sich die Meinung, diese dritte Bezugsebene sei bis heute unerforscht, hartnäckig. Dabei hätte man nur den Minnesang und seine Aufführungspraxis studieren müssen, um zu erkennen, wie die Minnesänger die auf Intuition beruhenden Rituale in Gang setzten. Unabdingbar ist es, über ein paar Grundrituale und ihre magische Beschwörungskraft nicht allein Bescheid zu wissen, sondern auch ein Gefühl für ihre Notwendigkeit zu entwikkeln. Da wäre als erstes das Eröffnungs- und Abtastritual, bei dem Höflichkeiten ausgetauscht und erste Selbstauskünfte gegeben werden. Ebenso wichtig ist das Abgrenzungsritual, mit dem die Frau dem Minnesänger signalisiert, wie intim das Spiel in diesem Moment werden darf. Von besonderer Bedeutung ist die genaue Strukturierung des eigentlichen Minnens, also des Flirts: Nach einer erneuten Eröffnung des werbenden Spiels werden alle Register der Verführungskunst gezogen. In einem weiteren Abgrenzungsritual rekapituliert man die Annäherungstaktik und geht wieder auf Distanz. Das Schlußritual, die Verabschiedung, sollte auf einen Austausch weiterer Höflichkeiten nicht verzichten. Das klar definierte Ende dieses Ritual-Komplexes betont die Loyalität des Mannes. Er gibt damit zu verstehen, daß er die Dame seines Herzens nicht zu überfahren gedenkt. Er macht deutlich, daß er es bei einem offenen Ausgang des Spiels belassen wird.

Die Rituale, die auf ein urmenschliches Bedürfnis nach Struktur zurückgehen, sind also die Verpackungen für unbewußte Botschaften im Beziehungsbereich. Sympathie und Antipathie werden ausschließlich auf dieser Bezugsebene geregelt.

Was bedeutet beispielsweise ein bloßes »Ich liebe dich«? Es ist eine tausendfach wiederholte Sprachhülse. Aber wenn dieser Satz von einem Ritual, einer Berührung, einem Streicheln oder einer ganz bestimmten Klangfarbe der Stimme begleitet wird, kann er Gefühle auslösen wie kaum etwas anderes. Rituale, so darf man behaupten, sind ein mächtiges strukturbildendes Element jeder Gesellschaft, auch wenn sie das nicht wahrhaben will und statt dessen vollständige Freiheit und Unabhängigkeit davon für sich reklamiert.

Eben die, die das am lautesten für sich einfordern, zelebrieren im allgemeinen die strengsten Rituale. Was will eine Motorrad-Gang anderes als das Erlebnis purer Freiheit? Auf alle Konventionen wird gepfiffen. Sich von niemandem in die Suppe spucken zu lassen, ist oberste Maxime. Und doch: Lassen sich nicht gerade in solchen Gruppierungen die strengsten Rituale, verkleidet als Mut- oder Bewährungsproben, beobachten? Bei Lichte besehen, sind es gerade die oft verlachten Rituale, die eine solche Gruppe überhaupt attraktiv machen: Ihre Institutionalisierung verspricht festen Zusammenhalt und Solidität.

Rituale vermitteln Botschaften. Die integrierende Botschaft vermittelt die Zugehörigkeit zu einer Gruppe, die Wertschätzungsbotschaft zollt Achtung vor der Person, die Bestätigungsbotschaft sorgt für Anerkennung der eigenen Person und Leistung. Diese gesellschaftlichen Rituale verlangen bestimmte Umgangsformen: Konventionen, wie man sich kleidet, welche Manieren man an den Tag legt und auf welcher sprachlichen Ebene man miteinander kommuniziert, konstituieren eine Gruppennorm – das war im Mittel-

alter nicht anders als heute. Und damals wie heute gilt: Wer gegen diese Normen verstößt, wird ausgeschlossen.

Es gibt auch zwielichtige Rituale. Beispielsweise ist die Hochzeit ein Ritual mit vielen Gesichtern. Zum einen ist es das höchste Liebesritual, das zwei Menschen aneinander bindet, bis der Tod sie scheidet (Diese Vereinbarung wurde übrigens erfunden, als das durchschnittliche Lebensalter nicht mehr als etwa 30 Jahre betrug.) Auf der anderen Seite bedeutete es gerade in seinem Ursprung, daß diese Frau nun zu diesem Mann gehörte und ihre Pflichten ihm gegenüber zu erfüllen hatte.

Auch in dieser Hinsicht erscheint der Minnesang als Kulturtat bedeutsam. Denn er etablierte neben der Ehe ein anderes Liebesverhältnis. Schließlich richteten sich die Minnelieder vorwiegend an verheiratete Frauen, weshalb auch der Terminus »Ehebruchslyrik« in der Germanistik gang und gäbe ist. Die revolutionäre Tat der Minne war es schlechthin, die heile Welt im Schein zu bewahren, den wahren Verhältnissen lebenswerte Ideale entgegenzusetzen und die Liebe als Hoffnungsträger für eine bessere Welt hochzuhalten.

Das Liebesmahl

Natürlich spielt bei der Liebe die Sinnlichkeit eine große Rolle. Eine sinnliche Inszenierung ist die Begleitmusik zum Ritual des Werbens. Das ist uns nicht unbekannt, und wir setzen es auch ganz bewußt ein. Wenn wir uns und unserer

Beziehung etwas Gutes tun wollen, wenn wir die Dame unseres Herzens das erste Mal ausführen, dann wird der Abend mit einem romantischen Essen zu zweit beginnen. Da beide zuvor viel Mühe auf ihr Äußeres verwandt haben, sind alle Sinne angeregt: die Augen, die Nase. Die Ohren werden durch Musik oder »galante Unterhaltung« verwöhnt und die Geschmacksnerven durch die außergewöhnliche Küche, die wir uns an diesem Tag gönnen.

Und wie war es damals? Vor 800 Jahren war es natürlich nicht üblich, ins Restaurant zu gehen und von der Karte zu wählen, um dann ungestört zu zweit die Köpfe zusammenstecken zu können. Natürlich wurde mit dem Essen überhaupt etwas anderes verbunden. Schließlich konnten Mißernten Hungerkatastrophen auslösen, und vor allem in den unteren Rängen der Gesellschaft war Magenknurren eine nicht seltene Begleitmusik des Alltags.

Was Mangelware ist, dient schnell als Ausweis von Reichtum, und so entstand an den Höfen fast ein sozialer Zwang zu kulinarischer Repräsentation – meistens im Rahmen eines Festes mit vielen Gästen und organisierter Unterhaltung. Wenn hoher Besuch anwesend war, ließ es sich die Dame des Hauses oft nicht nehmen, selbst in der Küche mitzuhelfen, um die Köstlichkeiten zuzubereiten.

Natürlich wurden Sympathie und Zuneigung auch am Aufwand der Mahlzeiten gemessen. Daß es da mitunter üppig zuging, soll nicht verschwiegen werden, aber Völlerei galt als Todsünde. Während sich anläßlich besonderer Feste der Adel sechs bis acht Gänge gestatten durfte, blieb es bei Bauer und Bürger bei drei bis vier.

In der Oberschicht bildeten sich recht bald feste, rituelle Speiseordnungen heraus, und nicht selten stand ein solches Fest in direktem Zusammenhang mit dem Minnedienst. Erlesenes Geschirr, kostbare Wandbehänge, eine überdurchschnittliche Speisenvielfalt in variationsreicher Zubereitung und allerlei dramaturgische Höhepunkte zwischen den Gängen wie Spielleute, Narren, Gaukler, Artisten oder exotische Tiere gehörten dazu. Der Gastgeber, der sich bei dieser Gelegenheit ausgiebig feiern ließ, teilte die Sitzplätze zu und eröffnete das Essen mit einer symbolischen Reinigung der Hände und dem Tischgebet.

Natürlich waren die neuen Verhaltensregeln bei Tisch einzuhalten. Sehr unfein war es, Messer oder Nase am Tafeltuch abzuwischen. Und auch die Essensmengen unterlagen bestimmten Normen. Von allem sollte man eine Kostprobe nehmen, nie aber einen Gang verschmähen, das wäre pure Unhöflichkeit gewesen.

Die Eß- und Trinkgewohnheiten waren recht bald Bestandteil der kulturellen Identität. Die Ritter hatten den Dreh bald heraus und brauchten den Mittelalter-»Knigge« nicht mehr, in dem Ergötzlichkeiten wie diese stehen: »Sei gewiß, daß es unangebracht und unhöflich ist, sich bei Tisch den Kopf zu kratzen, Flöhe und anderes Ungeziefer zu fangen und dies vor den Augen anderer Leute zu töten.« Oder: »Wenn du dich schneuzen mußt, solltest du das Exkrement nicht mit den Fingern entfernen, sondern ein Taschentuch benutzen.« Damals war man soweit, daß Tischsitten zur Verfeinerung des Genusses dienten. Notwendige Nahrungsaufnahme verwandelte sich in ein Fest der Geselligkeit.

Was an der Hoftafel galt, gewann auch für das Liebes-
mahl Bedeutung: Das Mahl wurde stundenlang zelebriert.
Das gemeinsame Speisen gehörte wie der Minnedienst zur
neuen Kultur und hatte durchaus mit Erotik zu tun: Man
versteht es leicht, führt man sich vor Augen, was es heißt,
eine saftige Schweinekruste mit den Händen zu berühren
und zum Mund zu führen. Man aß mit allen Sinnen: Augen,
Nase, Zunge, Ohren und der Tastsinn waren vollauf beschäftigt.

Gleichzeitig war eine Erotik im Raum, die durch das min-
nende Paar bestimmt wurde. Saß die Dame auch neben ihrem Angetrauten, so war allen Anwesenden klar, daß die
Liebe offiziell zwischen ihr und einem anderen stattfand. Wir
kennen das aus Filmen oder vielleicht auch aus dem eigenen Erleben: Zwei Paare sind zusammen beim Essen, und
während sich alle scheinbar entspannt und belanglos unter-
halten, knistert die Erotik zwischen zweien, denen es verboten ist, weil sie schon an den anderen vergeben sind. Während dies heutzutage jedoch tunlichst unterm Tischtuch ver-
handelt wird, fand es damals unter den wissenden Augen
aller statt.

Die Kunst, sich zum Geheimnis zu machen

Dennoch war das Geheimnis ein zentraler Bestandteil der
Minne. Obwohl jeder wußte, wen der Sänger beminnte,
wurde häufig in den Liedern kein Name genannt. Das ganze

bewegte sich im spannungsgeladenen Raum zwischen Wissen und Nicht-Wissen. Eigentlich durfte die Liebe zwischen dem Sänger und seiner Angebeteten gar nicht stattfinden, denn sie war meistens verheiratet. Aber was war es anderes als Liebe, wenn sie sich im gegenseitigen Verführen überboten, wenn sie sein Haar kämmte oder ihm ihren Schal als Liebespfand gab?

Meist stand der Sänger in Lohn und Brot beim Ehemann seiner Herzensdame. Er sollte sie ehren und damit auch das Ansehen des Herren erhöhen – körperliche Liebe war dagegen ein striktes Tabu. Aber wie wollte der Gatte so genau wissen, ob es nicht Grenzüberschreitungen gab. Die Minnebilder der damaligen Zeit lassen auf jeden Fall für den heutigen Betrachter einiges offen. Auf französischen Ikonen findet man die Liebenden abgebildet in einem Garten, in dem sich die Hasen tummeln, und wer weiß, daß das französische Wort für Hase gleichbedeutend ist mit den weiblichen Geschlechtsteilen, mag seine Schlüsse daraus ziehen. Ohne Zweifel hatten der Minnesänger und seine hehre frouwe ungestörte Momente, z.B. wenn sich beide beim Schachspiel amüsierten oder gemeinsam spazierengingen.

Abgesehen von dem fast verschwörerischen Charakter, den ich der Minne vor den Augen der Öffentlichkeit zuschreiben möchte, war es Bestandteil der Verführungskunst, sich selbst gegenüber dem anderen zum beständigen Rätselquell zu machen. Die Minnesänger brachten es bei ihren Dichtungen im Spielen mit Andeutungen und vielsagendem Verschweigen auf eine bis dato ungekannte Virtuosität. Er durfte sich der Frau niemals ganz offenbaren. Der Begriff

»Heimlichkeit der Stirn« zeugt davon. Hinter dieser Stirn sollte immer etwas verborgen bleiben, das die Frau zu enträtseln reizte. Sie wird sich solange interessiert zeigen, bis sie es gelöst hat.

Wir Heutigen können davon einiges lernen. Statt ihr beim ersten Gespräch gleich unsere ganze Lebensgeschichte zu präsentieren und von all unseren Leistungen und liebenswerten Besonderheiten zu sprechen, sollten wir lieber zuhören und die Spannung durch sparsam, aber wohl gesetzte Überraschungen zu halten suchen. In langjährigen Beziehungen ist die Kunst, sich selbst zum Rätselquell zu machen, sehr viel schwerer auszuüben und zu beherrschen. Im Prinzip geht es aber auch hier darum, sich zu bemühen, ein spannender Partner zu bleiben, der sich weiterentwickeln und bewegen kann.

Die vollständige Entschlüsselung jeden Geheimnisses vertreibt allen Zauber aus der Beziehung: Vom Essen über den gemeinsamen Fernsehabend bis zu gelegentlichen Bemühungen im Bett – wie es ablaufen wird, ist alles bis ins letzte Detail bekannt. Liest man den neuesten Roman gemeinsam oder besucht man ein Konzert: Noch bevor die Buchdeckel zugeschlagen, noch bevor der letzte Ton verklungen ist, wissen beide Partner bis hinein in die exakte Formulierung, was der andere dazu zu sagen hat.

Wenn sich Menschen derart nahe gekommen sind, läßt sich die zur sexuellen Spannung nötige Distanz nur noch im Spiel aufrecht erhalten. Wer spielen will, muß reden, das Drehbuch besprechen. Er ist Regisseur, Autor und Schauspieler in einem. Und also darf er auch vom Drehbuch ab-

weichen. Wer auf diese Weise die festgefahrenen Spielregeln überschreitet, darf sicher sein, die Aufmerksamkeit des Partners erneut zu fesseln. Plötzlich hat sich – wenn auch nur im Spiel – wieder ein Geheimnis in die Partnerschaft eingeschlichen, das förmlich nach einer Enträtselung verlangt. Es handelt sich deshalb um eine Sache der Würde, sich im Beziehungsalltag nicht gehenzulassen und sich um die Liebe des anderen verdient machen.

Sexualität wird erst lustvoll durch Gestaltung und Nuancierung. Der Minnesänger war ein Verführungsprofi, weil er eine Welt des Scheins entstehen ließ, den »Siebenten Himmel«. Die Wirklichkeit, der graue Alltag, versank bei seinem Spiel in die Bedeutungslosigkeit. Der Minnesänger erfand unendliche Variationen im Rollenspiel zwischen Mann und Frau, ließ seiner Phantasie freien Lauf und versteifte sich nicht aufs bloße Wollen. Denn er wußte: Was um keinen Preis geschehen darf, bringt uns zum Äußersten, steigert die erotische Atmosphäre unablässig.

Virtuos bewegte er sich im Spannungsfeld von Nähe und Distanz, lieferte sich ganz der Situation aus und machte sich zu einem unerschöpflichen Rätselquell. Seine eigene Lust wußte er dabei bis ins Unendliche zu steigern, und diese Lust riß auch nach dem Minnedienst nicht ab. Die Magie der Illusion war so allumfassend, daß es der körperlichen Anwesenheit der hehren frouwe gar nicht mehr bedurfte: Der Minnesänger genoß seinen Liebesrausch auch in der Kraft seiner Phantasie und seiner Bilderwelt.

Die sexuelle Spannung bleibt so für unendliche Zeiten gewahrt – eifrig betrieben, kann sie bis zur Ekstase führen.

Aus dem Mittelalter sind Fälle bekannt, in denen sich Minnesänger bis in den Wahn hineinsteigerten, der Folge dieser Ekstase war. Das »süße Minneleiden«, von dem schon häufiger die Rede war, galt als »Berufskrankheit«, die durch den fortwährenden Frauendienst bzw. das ständige Minnen hervorgerufen wurde. Es machte im übrigen erfinderisch: Da der Minnesänger nicht dahin kam, was wir heute als alleiniges Ziel akzeptieren, fand er andere Möglichkeiten, sich in einen Liebesrausch zu versetzen. Aus der anhaltenden sexuellen Spannung entwickelte er eigene Bildphantasien. Das Badewasser der Angehimmelten heimlich zu trinken, war nur eine der Köstlichkeiten der Liebe.

Investieren – ein Leben lang

Als eine wichtige ritterliche Tugend neben der Mäßigung galt die Beständigkeit. Auf die Geschlechterbeziehung übertragen, hieß das: Viele Minnesänger bemühten sich ihr Leben lang um die Gunst ihrer hehren frouwe. Sie waren immer wieder bereit zu investieren. Und wie sieht es heute damit aus?

Die Zeit der bedeutenden Investitionen scheint in jeder Hinsicht vorbei zu sein. Die Großindustrie, die es sich eigentlich leisten könnte und sollte, knausert mit jedem Groschen; so sieht es denn auch aus in der Wirtschaft. Investitionsunwilligkeit, also die Bereitschaft zu geben, ehe man ans Nehmen denkt, ist aber nicht allein ein ökonomisches

Problem. Bevor der große Geiz in der Wirtschaft einsetzte, hat er sich in so ziemlich jedem von uns breitgemacht. Er dominiert unser ganzes Leben, und damit ist nicht etwa gemeint, daß uns in rezessiven Zeiten die Brieftasche weniger locker sitzt. Denn nicht Finanzpolitik ist unser Thema, sondern die Geschlechterbeziehung, und genau da haben wir es zuallererst verlernt, zu säen, ehe man ans Ernten denkt. Wieder einmal hat im Kleinen unmerklich begonnen, was im Großen allgemeine Unsitte geworden ist.

Am Beginn einer neuen Beziehung ist man meist noch bereit zu geben. Wir sind höflich und aufmerksam, wir werben. All unser Trachten zielt darauf, auf Bedürfnisse einzugehen, unausgesprochene Wünsche zu erraten. Wir achten auf jede Kleinigkeit, geben uns alle Mühe, nur im vorteilhaftesten Licht dazustehen: Wir wollen gefallen. Auch wenn mehr und mehr zu beobachten ist, daß selbst in dieser Phase schon das Käuflichkeitsprinzip Oberhand gewinnt: Teuer muß sein, was uns die Begehrte geneigt machen soll. Sie soll merken, daß wir uns die Beziehung etwas kosten lassen. In der frischen Verliebtheit ist man ab und zu auch bereit, Zeit zu opfern.

Doch sobald der erste Liebesrausch verflogen ist, ist es damit nur zu oft schnell vorbei. Wir sind uns des anderen sicher, müssen wohl nicht länger in dessen Geneigtheit investieren. Es war ein kurzer Dienst, den wir förmlich abgeleistet haben. Es war der Preis, den es zu entrichten galt – nun ist das Ziel erreicht, warum also sollte man sich noch weiter bemühen?

Doch wird nur der eine Beziehung lebendig halten, der bereit ist, dauerhaft zu investieren. Von Verführung ist ei-

gentlich nur zu sprechen, wenn sie nie ein Ende findet. Nur so können wir die Langeweile aus unseren Beziehungen vertreiben.

Wenn wir die Bequemlichkeit aufgeben und statt dessen intensiv daran arbeiten, die Partnerin immer wieder zu betören, werden wir die Beziehung ganz neu und lustvoll erleben. Dazu gehört es, sich gegenseitig zu überraschen, sich gegenseitig der beste Freund zu sein, ab und zu ein kleines Opfer zu bringen, um dem anderen zu helfen oder ihn zu erfreuen. Dazu gehört es aber auch, sich bewußt im Verliebtsein zu üben und aller Welt zu zeigen: Dies ist die Dame meines Herzens. Für mich ist sie das schönste Juwel. Wir vermeiden damit, unsere Partner zu wechseln wie die Unterhemden, um den Kitzel des Neuen nicht zu verlieren.

Vielleicht liegt es auch gerade daran, daß die immer geringer werdende Halbwertszeit einer Liebe – man betrachte allein die Quote der Ehescheidungen in den letzten 30 Jahren! – zu einer bösen Suggestion beigetragen hat: Dauerhaftigkeit ist sowieso fraglich, also braucht man von Anfang an nicht so viel zu investieren, und Abwechslung gibt es genug.

Man tut als Gegenentwurf gut daran, sich zu bemühen. Zuwendung ist nötig, die Bereitschaft, Zeit und Geist aufzubringen und uns vor allem selber einzubringen. Nicht das fünfstellig kostende Perlencollier, wir selbst müssen das beste Geschenk sein. Aufmerksam wie am ersten Tag müssen wir sein und einfallsreicher denn je: Bei all den Routinen, die es in unserem Leben gibt, sollten wir uns wenigstens für uns und unseren Partner bemühen, jedem Tag etwas Besonderes abzugewinnen.

Eine solche dauerhafte Zuwendung haben wir uns in unserer Ellbogenwelt jedoch weitgehend abgewöhnt. Es fällt schwer, eigene Belange zurückzustecken, um dem alltäglichen Liebesdienst, denn um nichts anderes handelt es sich, gerecht zu werden. »Ich will alles tun, um dich glücklich zu machen«, lautete das beständige Angebot des Minnesängers an seine Angebetete. Wagt es heute noch jemand, diese Worte über die Lippen zu bringen?

Ganz Deutschland im Minnefieber

Bisher war nur davon die Rede, wie wir uns aus der Minne Inspirationen für unser Liebes- und Beziehungsleben holen können. Aber wie steht es mit dem Umgang, den wir ganz allgemein mit anderen Menschen pflegen? Schließlich handelte es sich damals auch um einen Teil eines gesamtgesellschaftlichen Umerziehungsprojekts. Können wir auch hier von der Welt vor 800 Jahren lernen?

Ich meine, ja, und zwar in mehrerer Hinsicht: Wir könnten mehr Erotik in unseren Alltag einziehen lassen und auch wieder einen höflicheren Umgangston miteinander pflegen.

Flirten ist heute mit tausenderlei Unsicherheiten verbunden. Ein Lächeln in der U-Bahn oder ein einfaches Kompliment werden oft schon falsch verstanden. Absichten werden unterstellt, die weit über das einfache Signal hinausgehen, den anderen schlicht nett, sympathisch oder attraktiv zu finden. Wer offensiv mit der Freundin des Freundes flir-

tet, bekommt Ärger, denn sofort würde man unterstellen, daß es ums Ausspannen geht. In der Hoch-Zeit der Minne war dieses sexuelle Spiel jedoch eine allgemein akzeptierte Form. Sicher kam es dort auch zu Eifersuchtsexzessen, in der Regel aber müssen die Geschlechter ihren Spaß daran gehabt haben.

Natürlich sind die Beziehungen und Ehen heute schon lange keine puren Zweckgemeinschaften mehr. Aber würden wir heute nicht auch gerne manchmal noch den Reiz des Begehrens spüren, ohne dafür den sicheren Hafen der monogamen Beziehung aufgeben zu müssen? Wäre es eine allgemein akzeptierte Tatsache, daß die Sexualität mehr ist als die ersten drei Buchstaben des Wortes, zöge mehr Lust und Erotik in unseren Alltag ein. Die allgemeine Atmosphäre wäre in eine sinnlichere verwandelt, und trotzdem könnten wir uns ganz dem einen oder der einen in Treue verpflichten und damit dem Beziehungsstreß aus dem Weg gehen, der jedem »Fremdgehen« – nach unserer gängigen Definition – fast zwingend folgt.

Der öffentliche Flirt, den ich meine, kann aber noch viel banalere Formen annehmen. Wenn ich mir das allgemeine Schimpfen über die Dienstleistungsgesellschaft anhöre, dann frage ich mich immer, was denn jeder selbst bereit ist, in bezug auf den Dienst am anderen zu investieren. Könnten wir nicht alle ein wenig höflicher miteinander umgehen? Wer die Kassiererin respektvoll behandelt und sie anlächelt, wird vermutlich eine entsprechende Reaktion auslösen. Ich selbst habe auf jeden Fall oft diese Erfahrung gemacht. Wer einer älteren Dame den Platz anbietet, gilt

heute zwar als etwas antiquiert, aber er signalisiert, daß er die Scheuklappen abgenommen hat und den anderen wahrnimmt.

Egal ob im Büro, ob auf der Straße oder in den Schulen und Universitäten: Das Hauen und Stechen wäre einzustellen, die Ellbogen müßten eingefahren werden und statt dessen der galantere Umgang miteinander gepflegt werden. Im Sinne des höfischen Kultivierungsprojekts sollten wir uns also alle ein bißchen in der Rolle der Minnesänger üben. Es würde einfach etwas zivilisierter zugehen.

Kapitel 5

Die Praxis des modernen Minnesängers

Die Kombination von Musik und Aufführungspraxis hat mich schon sehr früh fasziniert. So sehr, daß mir immer etwas fehlte, wenn mittelalterliche Musik konzertant wiedergegeben wurde. Deshalb war es nur ein kleiner Schritt von meiner Praxis als Musiker zum professionellen Minnesänger. Mit meinen Auftritten habe ich – so denke ich zumindest – eine neue Art gefunden, Menschen von heute an die Musik von gestern heranzuführen und auf diese Weise auch den vergessenen mittelalterlichen Liebeskult wieder bekannt machen zu können. Was ein hauptamtlicher Minnesänger aber tut, wie er die Minne praktiziert, darum soll es in diesem Kapitel gehen.

Frauendienst in »alter Manier«

Meine Kollegen im Mittelalter waren mehr als nur Musiker und Dichter. Sie waren zusätzlich Botschafter der Liebe und der Höflichkeit. In ihre Fußstapfen möchte ich treten. Hauptbe-

ruflicher Minnesänger zu sein bedeutet heute, die Erfahrungen von damals für unsere Zeit nutzbar zu machen. So habe ich die damaligen Klänge in moderne Musikstile übersetzt, gebe Konzerte und praktiziere den öffentlichen Minnedienst in »alter Manier«.

Sicher werden mir nicht viele darin nacheifern, aber jeder Mann, der sich auf die Rituale des Liebeskultes im 12. Jahrhundert besinnen möchte, ist dazu fähig. Allerdings nicht so, wie es seit jeher tradiert wird. Denn man muß nicht der Jüngling mit wallendem Haar sein, der unter den Burgzinnen Süßholz raspelt – auch wenn sich dieses Bild in den Köpfen festgesetzt hat. Ich begreife mich statt dessen als Minnesänger der heutigen Zeit, dem es bei diesem Spiel mit der Sexualität vor allem darum geht, das »Vorspiel« als eigenständige (und lustproduzierende) Kunstform wiederzubeleben.

Häufig beminne ich Frauen aus dem öffentlichen Leben, wie auch meine Kollegen im Mittelalter sozial höherstehenden Frauen gedient haben. Der Dienst ist ein erotischer Gunstbeweis, sozusagen ein sinnlicher Orden für die Frau.

In diesem Fall wird der Minnedienst von einem Dritten gewünscht, und ich komme diesem Wunsch als professioneller Minnesänger nach. Daneben praktiziere ich die Minne auf eigenen Konzerten bzw. in der öffentlichen Demonstration des klassischen Frauendienstes. Und natürlich gibt es die Minne ohne Auditorium, wenn es mir auf der persönlichen Ebene darum geht, eine Frau zu umwerben.

Ich habe die letzten Jahre damit verbracht, Minnesang mit heutigen Klangvorstellungen zu verschmelzen, also eine

Form zu finden, die alten schriftlichen Aufzeichnungen der Melodien in Tabulaturen, die mit der heutigen Notenschrift nicht viel gemein haben, in die heutige Zeit zu übertragen. Nur die Tonhöhe wurde in dieser heute nur noch wenigen »Eingeweihten« entzifferbaren Notenschrift festgehalten, nicht Takt und Tonlänge – eine zusätzliche Erschwernis bei der Rekonstruktion der ursprünglichen Melodien. Für ungeschulte Hörer ist diese Musik vielleicht langweilig – das Ohr mag sich gegen die scheinbar zusammenhangslosen Tonfolgen sträuben.

Die heutigen Zuhörer können die ursprüngliche Musik wegen ihrer Fremdheit nicht erfassen, also mußte versucht werden, die alte Musik mit neuen Klangmodellen zu synchronisieren, ohne der einen wie der anderen Kunstform Gewalt anzutun.

Minnesang ist wie die Architektur einer Kathedrale. Ihm einen modernen Musikstil einfach überzustülpen hieße, einen Betonaltar im Kölner Dom zu errichten.

Den Minnesang – wie heute gerne praktiziert – folkloristisch aufzuführen, wird der Musik nicht gerecht, berücksichtigt man seine damalige Modernität. Der deutsche Techno- und der englische House-Stil dagegen, die musikalische Sprache der Jugend von heute, bot sich dafür durchaus an. Diese dramaturgisch intelligente Musik der »Szene« findet – man beachte die Parallele – nur in »angesagten« Clubs statt – wie der Minnesang damals nicht auf jeder x-beliebigen Burg ausgetragen wurde. Wie die Anhänger der Minnemusik folgt auch die Szene der Techno-Musik festen Ritualen.

Wie im Mittelalter pilgern die Fans alle zur gleichen Zeit am Wochenende in die heiligen Hallen, um sich dort im Takt zu bewegen. So war es einen Versuch wert, den altertümlichen Minnesang in diese zeitgemäße Form zu kleiden. Denn nichts liegt mir ferner, als das Publikum mit dem Versuch originalgetreuer Minnemusik zu traktieren; oft genug habe ich erlebt, wie rekonstruierte Konzerte dieser Art die Zuhörer zum Gähnen brachten und auch mich, obwohl ich alte Musik studiert habe, einschläferten. Eine alte Kultur kann man nicht rekultivieren, wenn man sich sklavisch an eine historische »Vorlage« klammert und so tut, als habe sich die Welt nicht inzwischen ein paarmal gedreht. Und: Originalgetreue Aufführungen würden dazu zwingen, auch das Original-Publikum mit zu rekonstruieren.

Ich habe deshalb als Teil meiner modernen Minne-Praxis die alten Klänge mit modernen Stilelementen verbunden. Die Aufführungspraxis versuche ich dagegen in eher traditioneller Manier dem Publikum nahezubringen, und dazu bediene ich mich eines ganz klassischen Instrumentariums.

Sexuelles Spiel auf der Bühne

Das unverhohlene sexuelle Spiel, das ich auf die Bühne bringe, wirkt auf den Betrachter wie ein Gesamtbild. Da in aller Öffentlichkeit die geheimsten Heimlichkeiten ausgetauscht werden, fällt es schwer, die Einzelstimuli auseinanderzuhal-

ten. Zu einem Großteil, wie wir schon wissen, haben wir es bei der Liebes-Werbung mit Körpersprache zu tun. Die Gesten sind die Buchstaben, die sich einzeln kaum wahrnehmen lassen. Man wird sie nur richtig verstehen, wenn man mit den in den vorigen Kapiteln dargelegten Grundsätzen vertraut ist. Um welche es dabei geht, wird vielleicht am besten deutlich, wenn ich kurz beschreibe, wie ich sie auf der Bühne zelebriere. Abgesehen davon, daß kein öffentlicher Liebesdienst mit dem anderen vergleichbar ist, läßt sich der formale Ablauf, das Ritual also, durchaus mit dem »Original« des Mittelalters vergleichen.

Unterstützt von der Harfe richte ich das Angebot an Frauen, sich an mir zu versuchen. Dazu gehe ich ins Publikum und versuche, eine Frau einzuladen, mir auf die Bühne zu folgen. Wichtig ist dabei, genügend »Zieh-Energie«, wie ich es nenne, aufzubringen.

Ist meine Partnerin gewillt, entführe ich sie auf die Bühne. In der Regel gibt es vorher keinerlei Absprachen, und deshalb ist alles, was nun im Geschlechterspiel passiert, authentisch und live. Um keinen Korb zu bekommen und das Interesse der Frau an mir zu wecken, sollte ich mich jetzt ganz auf sie einlassen. »Er war solange hinter ihr her, bis sie ihn schließlich schnappte« – diese mittelalterliche Regel sagt viel über den Sinn des Spiels.

Zunächst muß ich die Situation, der ich die Frau ausgeliefert habe, entkrampfen, ihr die Befangenheit nehmen. Das gelingt am besten, wenn ich mich selbst ironisiere. Schon das ist heute ungewöhnlich. Und weil die Männer sich selbst viel zu ernst nehmen, nehmen sie dem sexuellen Spiel die

Leichtigkeit. Betören heißt aber, eben diese Leichtigkeit herzustellen.

Die Frau auf der Bühne hat eine bestimmte Erwartung, und sie hat ein wenig Angst, betört zu werden, oder sei es nur, daß sie fürchtet, alles werde mit einer Blamage enden. Immerhin steht sie hier an exponierter Stelle und weiß alle Blicke des Auditoriums auf sich gerichtet. Nicht unwesentlich ist es deshalb, zunächst gesellschaftlich exponierte Damen zu beminnen, um damit sozusagen eine Referenz für die anderen zu schaffen. Barrieren werden abgebaut nach dem einfachen Motto: Wenn es dieser Frau gefällt, könnte ich es für mich auch vorstellen.

Was aber nun folgt, geht weit über das Rollenspiel von Mann und Frau hinaus. Indem ich für sie auf der Harfe spiele, versuche ich, sie zu rühren. Man darf die Macht einer Melodie nicht unterschätzen. Wenn ich Glück habe, treffe ich die Seele der Erhöhten schon mit dem ersten Lied, mit der unmittelbaren Anziehungskraft meines Gesangs, meiner Stimme. Mit der Musik gelingt es mir, diese Frau von der Wirklichkeit abzulenken und sie in eine Welt der Phantasie und Illusion zu entführen. Während ich sie in diesen Zustand versetze, verführe ich sie in einem einzigen Augenblick. Mit meiner Musik bin ich nur der Taktgeber des Flirts; Verlauf und Intensität werden von der Frau bestimmt.

Dadurch entsteht eine sehr intime Situation zwischen uns: Ist die Illusion perfekt, sieht sie nur noch mich und vergißt die voyeuristischen Blicke des Publikums. Indem ich ein Trugbild erzeuge, wird ihr Verlangen wachgerufen. Durch meine Objekthaftigkeit mache ich mich verführerisch: Ich

lasse das Bild des Traummannes in ihr entstehen. Ich versuche, sie so zu betören, daß sie alles aus den Augen verliert, von dem ich wünsche, daß sie es nicht sieht. War ich ihr eben noch zu jung oder paßte ihr vielleicht meine Nase nicht, ist das alles auf einmal nicht mehr wichtig. Sind muskelprotzende Machos ihr Ideal, wird sie dennoch etwas in mir wiederfinden, in das sie sich verlieben kann, obwohl mein Anblick sie belehren müßte, daß ich nicht ihr Typ bin. Bereits in der Schulzeit habe ich mit Blicken experimentiert. Schaute ich beispielsweise einer Lehrerin nicht aufs Gesicht, sondern direkt in die Augen – es hat durchaus seinen Effekt gehabt.

Auch beim Minnesang kämpfe ich also mit dem »Pfeil des Auges«. Selbstverständlich bleibt dabei wenig dem Zufall überlassen. Dieser Blick soll die Seele anrühren und das »Drängen der Augenbraue« ihr ein Zeichen des Zugeneigtseins entlocken. In diesen Sekunden, die man sehr berechtigt Augenblicke nennen darf, kann man sich sehr nahe kommen: Ich blicke ihr mitten ins Herz. Mit dem »Lächeln der Wangen« nehme ich ihr die Angst und erzeuge Vertrauen.

Doch in Wirklichkeit besinge ich nicht allein die Frau, sondern ich beschwöre sie mit meinem ganzen Verlangen. Jeder Mensch wünscht sich, begehrt zu werden. Und auf der Bühne bekommt die Beminnte in aller Regel das, was ihr als Ehefrau im Laufe der Jahre mehr und mehr vorenthalten wird – völlige Aufmerksamkeit, Leidenschaft, Sehnsucht. Und sie bekommt es freiwillig. Die Magie dabei besteht in der beschworenen rituellen Schönheit. Ich versuche mit al-

len Kräften, virtuelle Schönheit zu erzeugen. Meine Begeisterung für diese Frau geht mit der Macht meines Wunsches, mich auch in sie zu verlieben, einher. Schließlich gaukle ich ihr meine Empfindungen nicht nur vor. Wenn ich mir wirklich etwas wünsche, geht es auch jedesmal in Erfüllung.

Dann kommt der Punkt, an dem ich meine »Angebetete« sanft erwachen lasse, ehe ich sie wieder von der Bühne in die Welt des Publikums geleite. Dieses hat unseren Flirt mit äußerster Spannung verfolgt. Vielleicht, weil jeder sich mit dem, was da auf der Bühne geschieht, identifizieren kann. Ein Voyeur, fixiert auf eine ganz andere Bilderwelt, würde übrigens diesem Spiel nicht folgen können.

So etwa sieht ein Minnedienst in seinen Grundzügen aus, und so ist er auch vor 700 bis 800 Jahren praktiziert worden. Die Dauer ist ganz unterschiedlich: Manchmal sind wir schon nach einigen Minuten aus der Welt der erotischen Einbildungskraft in die Wirklichkeit zurückgekehrt, manchmal dauert das Spiel der Verführung aber auch viel länger.

Natürlich gelingt es mir nicht immer, die Frau zu verzaubern, sie zu betören. Auch ich habe, wie meine Kollegen im 12. Jahrhundert, zur nicht geringen Schadenfreude des Publikums, schon so viele Körbe bekommen, daß ich bereits ein ganzes Warenlager davon im Tourneebus mitführe. Aber das ist die beständige Herausforderung, die Gefahr, das nie aufhörende Prickeln des Spiels.

Bei meinen Auftritten geschieht das genaue Gegenteil dessen, was üblicherweise die heutigen Sangeskünstler unter Betörung ihrer weiblichen Fans verstehen. Meine dem Leser inzwischen bekannten Worte an die Frau: »Du darfst

alles mit mir machen, was du willst« sind durchaus ernst gemeint. Ich gebe ihr die unbedingte Sicherheit, daß nichts, was nun passieren wird, auf ihre Kosten geschieht, mehr noch, daß ich in einer für sie brenzligen Situation mich selber »hinrichte«. Denn: Ich liefere mich der Situation aus, nicht sie, und es ist ihr Spiel, nicht das meine. Mein Beitrag (und zugleich meine Verantwortung) besteht darin, eine allgemeine Atmosphäre in eine sexuelle zu verwandeln, indem ich meine Partnerin mit dieser Atmosphäre und sinnlichen Angeboten stimuliere. Musikalisch schenke ich ihr Bilder, appelliere an ihre geheimen Sehnsüchte – daraus entsteht, wie im Kino, eine perfekte Illusion. Nur daß die beminnte Herzensdame im Gegensatz zum Kino die Handlung selbst bestimmt und damit zum Akteur dieser gleichberechtigt neben der Wirklichkeit existierenden Illusion wird.

Täuschungsmanöver

Um zu verführen, sind natürlich Täuschungsmanöver nötig, denn als Objekt muß ich den jeweiligen Frauen mit meiner Person genau ihren »Typ« suggerieren – und in meinem außergewöhnlichen Beruf könnte ich hundert Gesichter haben, damit wäre noch immer nicht garantiert, daß das im gegebenen Moment einzig passende dabei wäre. Bei der Verführung findet tatsächlich eine Entkräftung der Wirklichkeit statt, unterstützt durch die Erwartung der Frauen, die so groß ist, daß sich das Verhalten meiner Partnerin beein-

flussen läßt. Diesen Prozeß nenne ich die sich selbst erfüllende Prophezeiung.

Täuschung heißt in diesem Falle natürlich nicht Betrug. Vielmehr ist es so, daß das, worauf die Frauen in diesem Spiel erpicht sind, ihnen vom Mann geschenkt wird. Aber besteht nicht das Liebesspiel ohnehin aus vielen Täuschungsmanövern? Macht man sich nicht immer ein bißchen etwas vor, geht man nicht besonders gern auf das ein, was gerade gefragt ist? Beide wissen um diesen süßen Betrug und genießen ihn dennoch in vollen Zügen.

Was ich an früherer Stelle schon einmal gesagt habe, möchte ich hier noch einmal betonen. Wenn der Beruf des Minnesängers auch die Hohe Kunst der Verführung ist, darf man ihn nicht mit einem »Beutejäger« verwechseln, der sein »Opfer« gnadenlos überrumpeln will. Vielleicht liegt es daran, daß im heutigen Sprachgebrauch in dem Wort »Verführung« etwas Negatives mitschwingt, das sofort ein falsches Bild projiziert: die Frau, hilflos wie die Fliege im Netz der Spinne gefangen und wehrlos dem ausgeliefert, was da kommen wird. Die Verführung, von der hier die Rede ist, impliziert jedoch das Zusammenwirken beider Partner, von einer Überrumpelung kann keine Rede sein: Wenn die Frau das Spiel nicht mitspielen will, wird sie den Minnesänger gnadenlos abblitzen lassen, egal wie virtuos er seine Betörungskünste einzusetzen vermag.

Vielleicht kann man es so sagen: Minnesänger lassen sich auf die Sehnsüchte der Frauen ein und werden von ihnen ermutigt, ihr gesamtes Verführungsinstrumentarium einzusetzen, um die oftmals vernachlässigten Wünsche der Frauen in einem prickelnden, spannungsgeladenen Spiel zu erfül-

len. Denn in diesem Spiel ist die erhöhte Frau das Subjekt, und als Fordernde bestimmt sie Ablauf und Ergebnis mit. Sie wirbt natürlich auch, wenngleich mit eher versteckten Mitteln. Damit gewinnt der Begriff Verführung eine völlig andere Qualität: So zu verführen kann meines Erachtens ein Mittel zum Zweck sein, der weiblichen Sexualität mehr Geltung zu verschaffen. Die Frau zu verführen bedeutet also auf keinen Fall eine Einengung ihres Handlungsspielraums, sondern ist vielmehr als Öffnung zu verstehen. Die dafür nötigen Täuschungsmanöver sind nicht gegen die Frau eingesetzte Finten, sondern aus dem Wissen um psychische Zusammenhänge gespeiste Mittel und Methoden, die einen spannungsgeladenen Ablauf des von beiden Partnern gewünschten Spiels garantieren. Ich habe damit die besten Erfahrungen gemacht. Sie berechtigen mich zu der Schlußfolgerung: Die Minnerituale haben nichts an Kraft und Aktualität verloren. Wer sich ihrer heute bedient, darf sich auf ein spannendes, phantasievolles Spiel der Geschlechter gefaßt machen.

Aus der Schule geplaudert

Barbarossa brauchte im 12. Jahrhundert ein landesweites Erziehungsprojekt, um die Zivilisationsdefizite seines Reiches in den Griff zu bekommen und es damit innenpolitisch zu stabilisieren. Er benannte Kulturbeauftragte und räumte diesem Vorhaben höchste Priorität ein. Minnesang war nicht allein ein Kulturprogramm, bei dem Liebesamateure und

Showstars auf Tournee geschickt wurden, auf daß es den Fürsten in ihren Burgen nicht zu langweilig werde. Minnesang war ein hochpolitisches Programm, auch wenn es spielerisch daherkam und deshalb bei oberflächlicher Betrachtung leicht als Vortragskunst und reines Showbiz verkannt werden kann. Auch heute wäre es bitter nötig, zur Verbesserung des Geschlechterverhältnisses einiges nachzuarbeiten. Aber auch ein Barbarossa hätte angesichts leerer Staatskassen heute keine Chance mehr, ein landesweites Kulturprogramm in Gang zu setzen. Aber den Versuch sollte es wert sein, die mittelalterlichen Liebesweisheiten nicht länger ruhen zu lassen, sondern einen bescheidenen Ansatz für ihre Wiederbelebung zu erbringen.

Die von mir in Deutschland gegründete »Erste europäische Minneschule – Akademie der Verführungskünste« auf Burg Ziesar könnte ein solcher Ansatz sein. Um gleich Mißverständnissen vorzubeugen: Es handelt sich hier nicht um Flirtkurse, wie sie derzeit Konjunktur haben. Vielmehr soll eine »Akademie zur Kultivierung von Lust und Liebe nach den Spielregeln der mittelalterlichen Minne« entstehen, die die Hohe Kunst der Verführung wieder gesellschaftsfähig macht. Die Liebeswerbung als eine besondere Art des Vor-Spiels wird zur Kunst erhoben. In der Tradition von Heinrich von Morungen, Walther von der Vogelweide und Neidhart von Reuenthal weiht die Schule in die Geheimnisse alter Liebesrituale ein und will damit eine Welt bewahren helfen, bevor sie uns ganz verloren geht.

Unterrichtet werden Fächer wie Minnetheorie und Aufführungspraxis, Psychologie des Rollenverhaltens und Schauspielelemente. Diese einzige heutige Minneschule knüpft an

die Tradition ihrer Vorläufer im Mittelalter an: die im 12. Jahrhundert von Reinmar dem Alten betriebene Schule zur Erforschung der Minne am Hofe der Babenberger in Wien, die sogenannte »Hausenschule« sowie die 1220 entstandene »scuola poetica siciliana« am süditalienischen Hof Kaiser Friedrichs II.

In Minne-Seminaren werden die sozialpolitischen und kulturgeschichtlichen Hintergründe des Minnekults im 12. und 13. Jahrhundert untersucht. Die Teilnehmer erfahren etwas über die Philosophie der Verführung und die Bedeutung der alten Rituale. Wer möchte, kann sich auch im Harfenspiel versuchen.

Die Erste europäische Minneschule ist ein Experiment zwischen Vergangenheit und Zukunft. Sie will den alten Mythos der Frauenbetörung wieder aufleben lassen und in die heutige Zeit integrieren helfen, wie es sich Walther von der Vogelweide am Ende seines Lebens in seiner »Klage über den Verfall höfischer Kunst« wünschte:

> *Wer uns Sangesfreude brächte,*
> *die der wahren Kunst entspränge:*
> *hei! wie dessen man gedächte,*
> *wo sein Name nur erklänge!*
> *Ja, das wäre hofgerechter Mut,*
> *den ich immer mir erwünschte gern:*
> *angemessen wär es Frau'n und Herrn.*
> *Weh uns, daß es niemand tut!*

Anhang

Die Ahnengalerie der Minnesänger

Eine persönliche Auswahl

DER VON KÜRENBERG (um 1160): Unter dem Namen des Kürenberger erscheint das älteste geschlossene kleine Liedercorpus. Wahrscheinlich hat er um 1160 bis 1170 in der Gegend von Linz oder Melk an der Donau gesungen. Die Strophen seiner Lieder sind mit denen der alten germanischen Dichtung verwandt. Doch Kürenbergs oft prahlerischer Stil, sein Humor und seine Trutzstrophen bringen ihm Vorwürfe durch Heinrich von Melk ein. Sein Minnedienst stimmt nicht mit dem neuen Liebeskonzept überein und deshalb wird er von der frühen Minneszene geschnitten. Doch Kürenberg betört immer wieder die Damen mit dem Zauber und der Fülle des Klangs, mit der Leidenschaft und Verhaltenheit des Rhythmus. Er ist voller Sehnsucht und Übermut, Zartheit und Ungestüm.

FRIEDRICH VON HAUSEN (gestorben 1190): Er stammt aus der Gegend um Kreuznach und ist Angehöriger eines freiherrlichen Geschlechts. Als »Kulturbeauftragter« von Kaiser

Friedrich Barbarossa führt er den Minnesang zu seinem ersten klassischen Höhepunkt. Als Haupt des rheinischen Dichterkreises, der »Hausenschule«, lehrt er konsequent die Rituale des Minnesangs. Streng und erhaben ist sein Gesang. Etwa 40jährig fällt er am 6. Mai 1190 beim Kreuzzug Barbarossas in Kleinasien.

HARTMANN VON AUE (vor 1180 bis um 1210): Ein Schwabe und ritterlicher Dienstmann der Herren von Ouwe. Klosterschule und ständige Weiterbildung verschaffen ihm einen Kenntnisstand, der unter seinen Minne-Kollegen und Standesgenossen ungewöhnlich ist. Der junge Dichter ist des Französischen mächtig, er versucht sich im Minnesang und schreibt ein Büchlein, das ein Streitgespräch zwischen Leib und Herz aufzeichnet. Sein geistlicher Lehrer und sein Gregorius hätten ihn gern im Kloster behalten, doch wie viele treibt es ihn zum Rittertum. Er ist der Erfinder und Schöpfer der höfischen Legende. Hartmann gehört zu den großen Epikern der Stauferzeit, ist aber auch als Lyriker bedeutend. Seine Minnelieder umkreisen die Forderungen des Minnesangs: »staete«, Treue, vergebliches Werben, Gruß und Huld der Herrin. Der Tod seines geliebten Herrn entfremdet ihn jedoch für immer dem Minnedienst. Für sein Seelenheil beteiligt er sich 1197 bis 1198 am Kreuzzug. Das Religiöse und das Ritterliche, bald friedlich vereint, bald feindlich im Widerstreit, sind Pol und Gegenpol in Hartmanns Leben und in seinen Gedichten. Im Grunde ist er für den Minnedienst nicht geschaffen. Die »armen wip« waren ihm lieber als die stolzen Damen, die ihn schief ansahen, wenn er um ihre

Minne bat. Sein Unmutslied ist eine ironische Absage an die Forderungen der hohen Minne. Hartmann, ein Ritter ohne Furcht und Tadel, tapfer und zuverlässig, wirft der Minne in ihrer Blütezeit den Fehdehandschuh zu.

GOTTFRIED VON STRASSBURG (Ende 12./ Anfang 13. Jahrhundert): Gottfried von Straßburg ist ohne heraldische Zeichen und nicht von adliger Herkunft. Er ist der belesenste und gebildetste Minnesänger der staufischen Zeit. Sein bedeutendstes Werk ist *Tristan und Isolde*. Über seinen Kollegen Wolfram sagt er, er neige zu Steigerungen und Übertreibungen. Die Sprache Wolframs klingt für Gottfrieds Ohr unleidlich. Gottfried tritt ganz hinter seiner edlen Kunst zurück, nur um ihretwillen will er dichten.

REINMAR DER ALTE (gestorben um 1210): Reinmar stammt aus einer Ministerialenfamilie, die ihm noch keinen Familiennamen mitgab. Geboren in Hagenau im Elsaß, preist ihn Gottfried von Straßburg als Nachtigall von Hagenau. Reinmar ist eigentlicher Vertreter des Frauenliedes im deutschsprachigen Raum. Trotz dem Vorbild der Troubadours, trotz der Nähe Frankreichs verwendet er kein fremdes Wort. Seine Kunst zeichnet sich aus durch die Reinheit und die Erlesenheit der Sprache und des Klangs. Er erwirbt sich Ruhm als Lehrer und Künder eines Frauenkults der »glücklosen Anbetung«, in der er sich seinen eigenen Humor bewahrt. Als Forscher überträgt er romanische Vorbilder ins Mittelhochdeutsche. Als Meister einer Art von Minneschule am Wiener Hof verfügt er über alle Möglichkeiten lyrischen Schaffens um 1200. Auch Walther von der Vogelweide er-

hält bei ihm einen Studienplatz in Minnetheorie und Aufführungspraxis. Konkurrenzkampf und Auseinandersetzungen führen jedoch einige Jahre später zu einem gespannten Verhältnis der beiden. Reinmar, von den endlosen Fehden müde und der Beleidigungen satt, schießt den aufstrebenden Star Walther kurzerhand vom Wiener Minnehimmel. Er ist es letztendlich, der Walthers Karriere auf dem Gewissen hat.

HEINRICH VON MORUNGEN (gestorben 1222): Heinrich von Morungen entstammt einer Generation vor Walther von der Vogelweide. Als Ministeriale des Markgrafen Dietrich von Meißen ist er einer der ersten Minnesänger, der als Epiker das Modell der provencalischen Troubadours nach Deutschland überträgt. Er ist ein sehr rebellischer Typ. Glanz, Anmut, Leidenschaft, schwebende und lockende Werbung, Scherz und bittere Klage, dann wieder Triumph und das selige, wehmütige Glück der Erfüllung finden sich in seinen Liedern. Er beherrscht die Verzauberung, der keine Frau widerstehen kann. Morungen ist der emotionalste und expressivste aller Minnesänger. Kein Sänger vor und nach ihm schwelgt in diesem sich immer wandelnden Reichtum der Töne und Worte. Nach einem bewegten Leben sucht er im Kloster des heiligen Thomas in Leipzig Ruhe.

WALTHER VON DER VOGELWEIDE (um 1170 bis um 1230): Er ist ritterbürtig, aber nicht Ritter von Beruf. Heute gilt er als der bekannteste und bedeutendste Lyriker des Mittelalters: Als Minnesänger vollendet und überwindet er das Ideal der hohen Minne, indem er etwa die Erfüllung der Liebe bejaht,

die niedere Minne erfindet. Mit seiner Karriere beginnt er um 1190 im Wien der Babenberger. Bei Reinmar hat er das »Singen und Sagen« gelernt. Walthers Anfänge sind ungelenk, noch nicht auf der künstlerischen Höhe seines Meisters, dafür aber frischer, lebensnaher und lustiger. Der »wünneliche hof ze Wiene« war die Heimat seiner Kunst und seines Herzens. Er wird es nie verwinden, daß sein früherer Lehrer Reinmar ihn wegen seiner Beleidigungen vom Hof vertreibt, so daß er von da an erfolglos durch die Provinz tingeln muß. Als Minnesänger noch ohne nennenswerten Namen muß er sich zunächst als Tanzmeister empfehlen, doch seine Ätz- und Hetzlieder verprellen ihm Gönner um Gönner. Heimatlos wandert er durch viele Länder, oft als unerwünschter Gast, arm trotz reicher Kunst, im Winter frierend und hungernd und verbittert. Er erhebt die Lieder der Vaganten zur Kunst und kümmert sich nicht darum, daß seine Kollegen seine musikalische Kunst als Lieder der niederen Minne schelten. Jugend, überströmendes Glück, mädchenhafte Scheu und frohe Hingabe sind die Themen seiner Liebeslieder. Damit schafft er es auch kurzzeitig zum Sängerwettstreit am Hofe des Landgrafen von Thüringen in die »Top-Ten« der Minnesänger. Mit Humor und Abstand sieht er auf die höfisch-ritterliche Minnewelt. Ruhelose Wanderungen führen ihn in die Welt der Könige und Fürsten, und er wird der erste politische Dichter in deutscher Sprache. Vergeblich versucht er sich später am Wiener Hof als Minnesänger zu empfehlen, hofft dort auf eine Festanstellung als Damenunterhalter, doch herrscht da bereits ein anderer Ton, und man interessiert sich nicht mehr für ihn. Seine

Kunst wirkt mittlerweile auf die jungen Leute am Hofe hausbacken. Eine Ära, die er selbst einleitete, hat ihn bereits überholt. Nachdem Walther der Welt zuerst übermütig Valet gesagt hat, scheint dem Alternden die Welt grau. Für ihn ist es eine Erlösung, daß der Kaiser Friedrich ihm endlich ein Lehen gibt.

WOLFRAM VON ESCHENBACH (um 1170 bis um 1230): Wolfram stammt wahrscheinlich aus dem fränkischen Ort Eschenbach und ist aus ritterlichem Geschlecht. Zumindest weiß er mit Schild und mit Speer umzugehen. Er ist unbestreitbar einer der herausragenden Autoren der Weltliteratur, und seine Tagelieder sprengen alle Fesseln der Konventionen. Keiner versteht es wie er, sein Publikum in den Bann zu ziehen. Er hat keine lateinische Schulbildung genossen und versucht, diesen Mangel durch übersteigertes Selbstbewußtsein zu kompensieren: »Mir ist das in Büchern Geschriebene unbekannt geblieben, ich kenne keine Buchstaben.« Was er kennenlernt, liest er nicht in Büchern, sondern läßt es sich von lese- und schreibkundigen Volkserzählern vortragen. Seiner Person haftet manches Dunkle an. Das Volksnahe, Ungezwungene, Natürliche ist für ihn ein Magnet. Kein anderer Minnesänger der Stauferzeit spricht eine so persönliche Sprache. Er streitet sich mit Hartmann von Aue, der sich hüten solle, seinen Helden Parzival zu verspotten, sonst werde der von ihm »durch die mul gezucket«, und er provoziert Gottfried von Straßburg, indem er sich brüstet, sich nicht erinnern zu können, je eine Zeile von ihm gelesen zu haben. Er erhebt sich über Kleriker und

Literaten, die nichts anderes aufzuweisen haben als Feder und Tinte und den Damen mit ihren Lateinkenntnissen imponieren wollen.

Neidhart von Reuenthal (Ende 12. Jahrhundert bis 1240): Neidhart ist Berufssänger und stammt aus Bayern. Weil er sich zu den »frischen« (jungen) Bauernmägden zu oft hingezogen fühlt, brennen ihm die Bauern um 1230 kurzerhand seinen Hof ab. Neidhart geht nach Österreich und zieht als Minnesänger durchs Land. Er nimmt an einem Kreuzzug teil und stirbt gegen 1240 in Mödlingen bei Wien. Neidhart ist der ungekrönte Superstar der damaligen Musikszene. Der auf ihn eifersüchtige Walther von der Vogelweide ist ihm wegen seines Erfolgs beim Publikum überhaupt nicht wohlgesonnen. Seine Lieder sind sehr individuell gehalten, virtuos und ausdrucksstark, lustig aufschneiderisch, erotisch, obszön, brutal, klagend, nörgelnd, bittend, meist mit sehr eingängigen, eindringlichen Melodien, die zu Ohrwürmer werden. Seine Tanz- und Radaulieder mit einer kräftigen Dosis Erotik sind sein Markenzeichen.

Heinrich von Veldeke (zweite Hälfte des 12. Jahrhunderts): Er ist Niederfranke, kommt aus der im Limburgischen gelegenen Grafschaft Loon und ist eine Art »gelehrter« Ritter. Der Ministeriale steht offenbar im Lehensverhältnis zu den Grafen von Loon und ist in den 60er Jahren im Minnedienst am Hof der Gräfin Agnes. Veldeke zählt zu den Begründern des höfischen Minnesangs, der gleichwohl mit ihm einen ersten Höhepunkt erreicht. Der Minnesänger von sonnigem Gemüt wird berühmt durch seine »Eneide«, eine Bearbei-

tung des nordfranzösischen »Eneas«-Romans in gepflegten Versen, der auch von Wolfram von Eschenbach hochgeschätzt wird. Veldekes schlichte Liedkunst von heiterer Grundstimmung entsteht in einer niederfränkischen Gesellschaftssprache. Er bewahrt in seinen Liedern die rheinische Frische. 1184 nimmt er an dem großen Minne-Ereignis, dem Hoffest Barbarossas in Mainz, teil.

KONRADIN (1252 bis 1268): König Konradin der Junge, wie ihn die *Manessische Liederhandschrift* nennt, erleidet beim Versuch, seine Erbansprüche in Italien durchzusetzen, im August 1268 eine Niederlage. Zwei Monate später wird er, der letzte Staufer, in Neapel im Alter von nur 16 Jahren hingerichtet. Von ihm sind nur zwei Lieder überliefert.

TANNHÄUSER (1205 bis 1270): Er ist ritterbürtig und entstammt einer bayerisch-oberpfälzischen Familie. Er nimmt am Kreuzzug Friedrichs II. 1228/29 teil, lebt wohlhabend bei dem letzten Babenberger, verarmt bald nach dessen Tod im Jahre 1246 und weilt schließlich als fahrender Minnesänger an verschiedenen Fürstenhöfen. Seine Welt ist die zwischen hoher und niederer Minne: eine Spielwelt, voll heiterer Ironie und vordergründiger Erotik. Tannhäuser führt ein unstetes Leben. In seinen Gedichten erzählt er unbefangen von seinem Schicksal. Seine Welt ist nicht mehr die der hohen Minne und des hohen Glaubens der Kreuzzüge, er parodiert den Minnesang und die Verherrlichung der Herrin, er stöhnt über die Widerwärtigkeit der Kreuzfahrt. Der Wohlstand zerrinnt schnell unter seinen Händen. Tannhäuser ist ein erhabener edler Ritter, der es versteht, sich mit einem Geheim-

nis zu umgeben. Nach seinem Tode rankt sich die Tannhäusersage um seine Person.

ULRICH VON LICHTENSTEIN (1200 bis 1274): Ulrich von Lichtenstein aus der Steiermark gehört zum ersten Adel seines Landes, lebt in glücklicher und kinderreicher Ehe, zählt zu den Vertrauten des Babenbergers, Herzog Friedrich des Streitbaren, und weiß seinen Besitz wie seinen Einfluß klug zu mehren. In seinem *Frauendienst*, einer Lebensbeschreibung, schildert Ulrich in ermüdender und pedantischer Breite, aber nicht ohne Ironie und Obszönitäten, sein vergebliches Werben um die Huld seiner Herrin, das sich durch keine ihrer Launen und keine Demütigungen erschüttern läßt. Als Venus und als Artus verkleidet reist er durch die Länder und versticht seine Speere. Ulrich, ein promotionssüchtiger Ritter, der es sich leisten konnte, läßt sich den Dienst für die Herrin etwas kosten. Als Minnesänger ist er ein »Cover-Künstler«, der in sein Werk *Frauendienst* Lieder einflicht, die noch die gute Tradition des Minnesangs zeigen. Ulrich von Lichtenstein, ein »Tönedieb«, plündert bedenkenlos die alten Meister.

DER WILDE ALEXANDER (Ende des 13. Jahrhunderts): Der wilde Alexander ist von alemannischer, bürgerlicher Herkunft. Er wählt den Beruf des Minnesängers, obgleich dieser im späten 13. Jahrhundert bereits im Aussterben begriffen ist. Als Vagant, vertraut mit der lateinischen und römischen Dichtung, erneuert er die Anmut klassischer Idyllen und erfüllt sie mit der Klage über die Vergänglichkeit. Noch gegen Ende des 13. Jahrhunderts hält er an den alten hohen

Idealen des staufischen Minnesangs fest, die Tannhäuser oder Neidhart von Reuenthal längst überwunden haben.

HEINRICH FRAUENLOB (vor 1260 bis 1318): Der in Meißen geborene Minnesänger Heinrich von Meißen, genannt Frauenlob, entstammt einer bürgerlichen Familie. Er hält sich in Böhmen, Österreich und Bayern, vor allem aber an norddeutschen Höfen auf. Frauenlob gilt als der letzte große Minnesänger, und auch als Spruchdichter bringt er Bedeutendes hervor. Seine Kunst liebt dunkle Anspielungen und erhebt sich dünkelhaft über die Kunst der alten Meister. Von 1312 bis zu seinem Tode im November 1318 lebt er in Mainz, wo er im Dom beigesetzt wurde. Nach der Sage haben die von ihm gepriesenen Frauen seinen Sarg getragen. Frauenlob ist der Begründer der berühmten Meistersingerschule in Mainz.

WIZLAW VON RÜGEN (gestorben 1325): Wizlaw der III. entstammt einem slawischen Fürstengeschlecht und gilt als Norddeutschlands einziger Minnesänger. Er regiert als letzter Rügenfürst von 1303 bis 1325 die Insel. Seine Residenz ist die Burg von Garz. Um die hohe Kunst der Minne zu fördern, macht er erhebliche Schulden. Wizlaw dichtet in niederdeutscher Sprache. Seine Lieder und Sangsprüche sind in der um 1340 entstandenen Jenaer Liederhandschrift überliefert. Zu Beginn des 14. Jahrhunderts wird er weit über die Grenzen Rügens hinaus gerühmt.

OSWALD VON WOLKENSTEIN, (1377 bis 1455): Der Südtiroler Ritter wurde als Sproß der Adelsfamilie von Villanders und Wolkenstein vermutlich auf der Trostburg im Eisacktal ge-

boren. Er ist der Erfinder des mehrstimmigen Gesanges im deutschsprachigen Raum. Oswald verläßt bereits mit zehn Jahren als Knappe eines fahrenden Ritters das Elternhaus und zieht mit diesem 13 Jahre lang durch ganz Europa. Die Schilderungen seines Lebens sind die abenteuerlichsten des ganzen Mittelalters. Oswald scheut vor Saufgelagen und Schlägereien in den Schenken nicht zurück, büßt bei einer Prügelei auch ein Auge ein, findet aber immer wieder in seinen Liedern die zartesten Töne und die ergreifendsten Worte für die Edelfrauen. Im Sommer 1417 heiratet Oswald die schwäbische Adelige Margarete von Schwangau (die »Gret« vieler seiner Lieder), mit der er sieben Kinder hat. Er klagt über Not und Elend seines ehelichen Lebens in öder, verlassener Landschaft. Um seiner Herrin willen hat er tiefer und länger gelitten als je ein Minnesänger.

DER MÖNCH VON SALZBURG (Ende des 14. Jahrhunderts): Der »Mönch« war Hofdichter bei Erzbischof Pilgrim am Salzburger Hof. Er gehört zu den bekanntesten Lyrikern und wird erfolgreichster Autor des Mittelalters. Seine Lieder zeichnen sich durch große thematische Vielfalt, sprachliche Virtuosität und musikalische Originalität aus. Seine nicht selten obszönen Lieder gehören zu den am weitesten verbreiteten im Mittelalter.

DER VON KÜRENBERG

188

Friedrich von Hausen

HARTMANN VON AUE

190

GOTTFRIED VON STRASSBURG

191

REINMAR DER ALTE

192

HEINRICH VON MORUNGEN

193

WALTHER VON DER VOGELWEIDE

194

WOLFRAM VON ESCHENBACH

195

NEIDHART VON REUENTHAL

196

HEINRICH VON VELDEKE

197

DER TANNHÄUSER

ULRICH VON LICHTENSTEIN

199

Zeittafel

um 800	Karl der Große
1096 bis 1099	Erster Kreuzzug. Eroberung Jerusalems durch Templer und Johanniter
1122	Wormser Konkordat
um 1122/1124	Friedrich I. Barbarossa als Sohn des Schwabenherzogs Friedrich geboren
1146	Der heilige Bernhard von Clairvaux ruft zum Zweiten Kreuzzug
1147	Zweiter Kreuzzug (bis 1149); Barbarossa wird Herzog von Schwaben
5.3.1152	Wahl Barbarossas zum deutschen König durch die Fürsten in Frankfurt
9.3.1152	Krönung Barbarossas zum deutschen König in Aachen
1154/1155	1. Italienzug Barbarossas
18.6.1155	Barbarossas Kaiserkrönung in Rom
15.6 1156	Heirat Barbarossas mit Beatrix von Burgund
1158 bis 1162	2. Italienzug (Unterwerfung Mailands 1162)

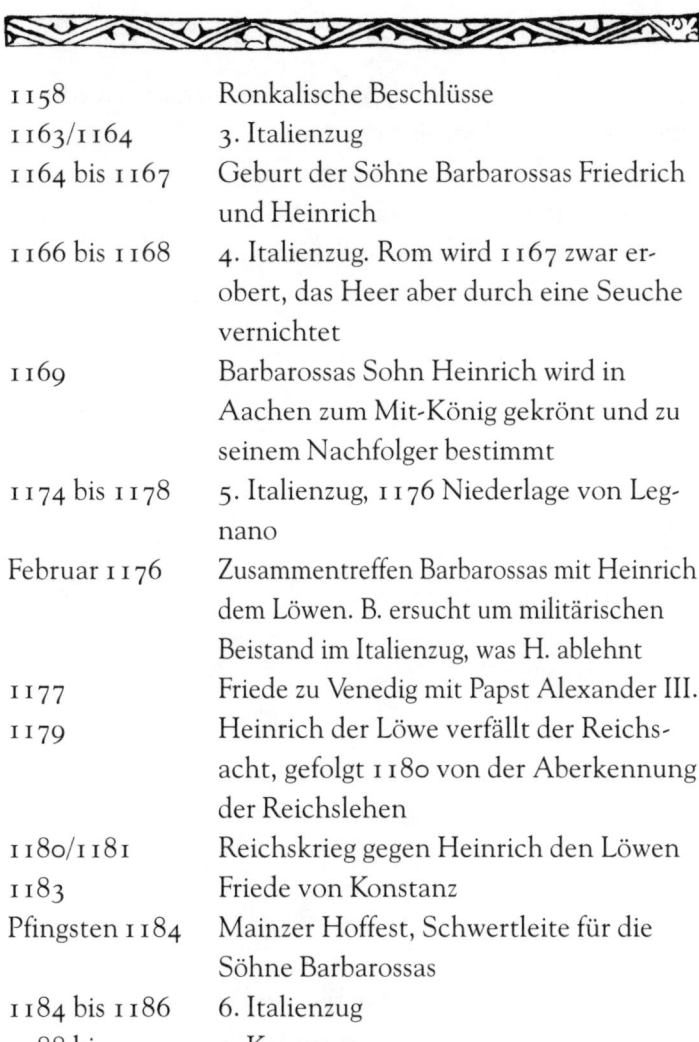

1158	Ronkalische Beschlüsse
1163/1164	3. Italienzug
1164 bis 1167	Geburt der Söhne Barbarossas Friedrich und Heinrich
1166 bis 1168	4. Italienzug. Rom wird 1167 zwar erobert, das Heer aber durch eine Seuche vernichtet
1169	Barbarossas Sohn Heinrich wird in Aachen zum Mit-König gekrönt und zu seinem Nachfolger bestimmt
1174 bis 1178	5. Italienzug, 1176 Niederlage von Legnano
Februar 1176	Zusammentreffen Barbarossas mit Heinrich dem Löwen. B. ersucht um militärischen Beistand im Italienzug, was H. ablehnt
1177	Friede zu Venedig mit Papst Alexander III.
1179	Heinrich der Löwe verfällt der Reichsacht, gefolgt 1180 von der Aberkennung der Reichslehen
1180/1181	Reichskrieg gegen Heinrich den Löwen
1183	Friede von Konstanz
Pfingsten 1184	Mainzer Hoffest, Schwertleite für die Söhne Barbarossas
1184 bis 1186	6. Italienzug
1188 bis 1192	3. Kreuzzug
10. 6. 1190	Barbarossa ertrinkt im Fluß Saleph in Kleinasien
1190 bis 1230	Blüte der Minnedichtung, Durchbruch der Gotik, Entstehung der Universitäten

1198	Entstehung des Deutschen Ritterordens
1202 bis 1204	Vierter Kreuzzug
1204	Kreuzfahrer erobern Konstantinopel
1227 bis 1250	Entscheidender Machtkampf zwischen Kaiser- und Papsttum

Benutzte und weiterführende Literatur

Adam, Wolfgang: *Die 'Wandelungen', Studien zum Jahreszeitentopos in der mittelhochdeutschen Literatur,* Heidelberg 1979.

Albrecht, Herrmann: *Die Musikanschauung des Mittelalters und ihre Grundlagen,* Halle 1905.

Alfonsi, S. R.: *Masculine submission in troubadour lyric,* New York, Bern, Frankfurt a. M. 1986.

Amira, Karl von: *Die Handgebärden in den Bilderhandschriften des Sachsenspiegels,* Abhandlungen der k. Bayer. Akademie, München 1905.

Argyle, Michael/Henderson, Monika: *Die Anatomie menschlicher Beziehungen. Spielregeln des Zusammenlebens,* München 1986.

Aries, Phillippe: *Die Masken des Begehrens und die Metamorphosen der Sinnlichkeit. Zur Geschichte der Sexualität im Abendland,* Frankfurt a. M. 1992

Artelt, Walter: *Die Quellen der mittelalterlichen Dialogdarstellungen,* Berlin 1943.

Ashcroft, J.: *Liebe in der deutschen Literatur des Mittelalters,* Tübingen 1987.

Assunto, Rosario: *Die Theorie des Schönen im Mittelalter*, Köln 1982.

Bachorski, Hans-Jürgen: *Ordnung und Lust. Bilder von Liebe, Ehe und Sexualität im Spätmittelalter und in der frühen Neuzeit*, Trier 1991.

Baker-Miller, Jean: *Die Stärke weiblicher Schwäche*, Frankfurt a. M. 1980.

Baudrillard, Jean: *Die Fatalen Strategien*, München 1991.

Beauvoir, Simone de: *Das andere Geschlecht*, Reinbek 1968.

Berne, Eric: *Spiele der Erwachsenen. Psychologie der menschlichen Beziehungen*, Hamburg 1967.

Beyer, Rolf: *Die andere Offenbarung, Mystikerinnen des Mittelalters*, Wiesbaden 1996.

Birkenbihl, Vera F.: *Signale des Körpers*, 1994 München.

Bitsch, Irmgard/Ehlert, Trude/Ertzdorff, Xenia v.: *Essen und Trinken in Mittelalter und Neuzeit*, Sigmaringen 1987.

Beutin, Wolfgang: *Sexualität und Obszönität. Eine literaturpsychologische Studie über epische Dichtungen des Mittelalters und der Renaissance*, Würzburg 1990.

Blothner, Dirk: »Über das Flirtspiel«, in: *Zwischenschritte, Beiträge zu einer morphologischen Psychologie*, Köln 2/1986.

Boor, Helmut de: *Die deutsche Literatur im späten Mittelalter. Erster Teil 1250 – 1350*, München 1962.

Borst, Arno: *Lebensformen im Mittelalter*, Ulm 1989.

Borst, Otto: *Alltagsleben im Mittelalter*, Frankfurt a.M. 1983.

Bowles, Edmund A.: »Musical instruments at the medieval banquett«, in: *Revue Belge de Musicologie*, Bd. 12, 1958.

Breuers, Dieter: *Ritter, Mönch und Bauersleut. Eine unterhalt-*
same Geschichte des Mittelalters, Bergisch Gladbach 1994.

Brückner, Margrit: *Die Liebe der Frauen,* Frankfurt a.M. 1983.

Bücher, K: *Die Frauenfrage im Mittelalter,* Tübingen 1882.

Bumke, Joachim: *Mäzene im Mittelalter. Die Gönner und Auf-*
traggeber der höfischen Literatur in Deutschland, 1150 –
1300, München 1979.

Bumke, Joachim: *Höfische Kultur. Literatur und Gesellschaft*
im hohen Mittelalter, München 1990.

Burdach, Konrad: *Reinmar der Alte und Walther von der Vo-*
gelweide, Halle 1928.

Burdach, Konrad: *Walther von der Vogelweide. Philologische*
und historische Forschungen, Leipzig 1900.

Buss, David: *Die Evolution des Begehrens,* Hamburg 1994.

Chasseguet-Smirgel, J.: *Psychoanalyse der weiblichen Sexuali-*
tät, Frankfurt a. M. 1974.

Classen, Albrecht: *Die autobiographische Lyrik des europäi-*
schen Spätmittelalters, Amsterdam 1991.

Collange, Christiane: *Der gerupfte Pascha,* München 1982.

Cropp, Glynnis H.: *Le vocabulaire courtois des troubadours de*
l´époque classique, Genf 1975.

Curtius, Ernst Robert: »Scherz und Ernst in mittelalterlicher
Dichtung«, in: *Romanische Forschungen,* Bd. 53, 1939.

Denomy, A. J.: »Courtly love and courtliness«, in: *Speculum,*
1953.

Diez, Friedrich: *Die Poesie der Troubadours,* Leipzig 1883.

Dinzelbacher, Peter: *Frauenmystik im Mittelalter,* Ostfildern
1985.

Duby, Georges/Perrot, Michelle: *Geschichte der Frauen*, Band 2, Frankfurt/New York 1993.

Dülmen, Richard: *Armut, Liebe, Ehre. Studien zur historischen Kulturforschung*, Frankfurt a. M. 1988.

Duerr, Hans Peter: *Nacktheit und Scham. Der Mythos vom Zivilisationsprozeß*, Bd. 1, Frankfurt a. M. 1988.

Duhm, Dieter: *Aufbruch zur neuen Kultur*, Belzig 1993.

Eco, Umberto: *Kunst und Schönheit im Mittelalter*, München, Wien 1991.

Eichenbaum, Luise/Orbach, Susie: *Was wollen die Frauen?* Hamburg 1996.

Elias, Norbert: *Über den Prozeß der Zivilisation. Soziogenetische und psychogenetische Untersuchungen*, Bd. 2, Bern, München 1967.

Fast, Julius: *Körpersprache*, Hamburg 1990.

Fleckenstein, Joseph (Hg.): *Das ritterliche Turnier im Mittelalter. Beiträge zu einer vergleichenden Formen- und Verhaltensgeschichte des Rittertums*, Göttingen 1969.

Fisher, Helen: *Anatomie der Liebe. Warum Paare sich finden, binden und auseinandergehen*, München 1993.

Foerster, Wendlin: *De Venus la Déesse d´Amour. Altfranzösisches Minnegedicht aus dem 13. Jahrhundert*, Bonn 1880.

Flitner, Elisabeth: *Dritte im Bunde: Die Geliebte*, Hamburg 1995.

Freud, Sigmund: *Das Unbehagen in der Kultur*, Frankfurt a. M. 1972.

Frings, Matthias: *Liebesdinge. Bemerkungen zur Sexualität des Mannes*, Hamburg 1995.

Fritsch, Bruno: *Die erotischen Motive in den Liedern Neidharts*, Göppingen 1976.

Fuhrmann, Horst: *Überall ist Mittelalter. Von der Gegenwart einer vergangenen Zeit*, München 1996.

Green, Dennis H.: »Alienieloquium. Zur Begriffsbestimmung der mittelalterlichen Ironie«, in: *Verbum et Signum*, Bd. 2, München 1975.

Goetz, Hans-Werner: *Leben im Mittelalter*, München 1994.

Hamburger, Regina: *Aller Liebe Anfang*, Düsseldorf 1994.

Haubrichs, Wolfgang: *Konzepte der Liebe im Mittelalter, Zeitschrift für Literaturwissenschaft und Linguistik, Heft 74*, 1989.

Heimplätzer, Fritz: *Die Metaphorik des Herzens im Minnesang des 12. und 13. Jahrhunderts*, Phil. Diss., Heidelberg 1953.

Heinen, Hubert: *Mutabilität im Minnesang. Mehrfach überlieferte Lieder des 12. und frühen 13. Jahrhunderts*, Göppingen 1989.

Hendrix, Harville: *Soviel Liebe, wie du brauchst*, Düsseldorf 1994.

Hepp, Eva: »Die Fachsprache der mittelalterlichen Küche. Ein Lexikon«, in: *Kulturgeschichte der Kochkunst*, München 1970.

Herriger, Catherine: *Die Kraft der Rituale*, München 1993.

Hilka, Alfons/Schumann, Otto: *Carmina Burana. Die Lieder der Benediktbeurer*, Heidelberg 1970.

Hoffmann, Renate: *Auf der Suche nach Liebe*, Berlin 1991.

Hoven, Heribert: *Studien zur Erotik in der deutschen Märchendichtung*. Göppingen, 1979.

Jammers, Ewald: *Minnesang. Ausgewählte Melodien des Minnesangs*, Tübingen 1963.

Jauss, Hans Robert/Köhler, Erich: *Grundriß der romanischen Literaturen des Mittelalters*, Heidelberg 1968.

Joschko, Dirk: *Oswald von Wolkenstein, Eine Monographie zu Person, Werk und Forschungsgeschichte*, Göppingen 1985.

Kaiser, Gert/Müller, Jan D.: *Höfische Literatur, Hofgesellschaft, höfische Lebensformen um 1200*, Düsseldorf 1979.

Kasten, Ingrid: *Frauenlieder des Mittelalters*, Stuttgart 1990.

Kasten, Ingrid: *Frauendienst bei Troubadours und Minnesängern im 12. Jahrhundert. Zur Entwicklung und Adaptation eines literarischen Konzepts, Germanistisch-Romanische Monatsschrift*, Beiheft 5, Heidelberg 1986.

Keen, Maurice: *Das Rittertum*, München 1987.

Kesting, Peter: *Maria – Frouwe. Über den Einfluß der Marienverehrung auf den Minnesang bis Walther von der Vogelweide*, München 1964.

Kinsey, A. C.: *Das sexuelle Verhalten des Mannes*, Berlin, Frankfurt a. M. 1955.

Kleinschmidt, Erich: »Minnesang als höfisches Zeremonialhandeln«, in: *Archiv für Kulturgeschichte, Bd. 57*, 1976.

König, Eberhard: *Die Liebe im Zeichen der Rose. Die Handschriften des Rosenromans in der Vatikanischen Bibliothek*, Stuttgart, Zürich 1992.

Körner, Wolfgang: *Meine Frau ist gegangen. Verlassene Männer erzählen*, Frankfurt a. M. 1980.

Kohler, Erika: *Liebeskrieg. Zur Bildsprache der höfischen Dichtung des Mittelalters*, Stuttgart 1935.

Kraus, Carl v.: *Deutsche Liederdichter des 13. Jahrhunderts*, Tübingen 1952.

Kronberg, H.: *Frigidität und weibliche Sexualität*, München, Basel 1979.

Kruch, Kirsten/Wiede, Patricia, *Sekunden des Glücks. Regeln und Rituale des Kennenlernens und Verliebens*, München 1996.

Kühn, Dieter: *Ich Wolkenstein. Eine Biographie*, Frankfurt a. M. 1989.

Lachmann, Karl: *Wolfram von Eschenbach*, Berlin 1962.

Langosch, Karl: *Mittellatein und Europa. Führung in die Hauptliteratur des Mittelalters*, Darmstadt 1990.

Lauster, Peter: *Liebeskummer als Weg der Reifung*, Düsseldorf 1994.

Lebensalltag im Mittelalter, Stuttgart, Zürich, Wien 1993.

Leyen, Friedrich von der: *Deutsches Mittelalter*, Frankfurt a. M. 1962.

Liebertz-Grün, Ursula: *Zur Soziologie der »amour courtois«. Umrisse der Forschung*, Heidelberg 1977.

Lorenz, K.: *Vergleichende Verhaltensforschung*, Wien 1978.

Margetts, John: »Die Darstellung der weiblichen Sexualität in deutschen Kurzerzählungen des Spätmittelalters. Weibliche Potenz und männliche Versagensangst«, in: *Psychologie in der Mediävistik*, Göppingen 1985.

Maurer, Friedrich: *Walther von der Vogelweide. Sämtliche Lieder*, München 1972.

Mayer, Friedrich A./Rietsch, Heinrich: *Die Mondsee-Wiener Liederhandschrift und der Mönch von Salzburg*, Berlin 1896.

Mertens, Volker: »Dienstminne, Tageliederotik und Eheliebe in den Liedern Wolfram von Eschenbach«, in: *Euph.* 77, 1983.

Mitscherlich, Margarete und Alexander: *Die Unfähigkeit zu trauern*, München 1977.

Mölk, Ulrich: *Trobar clus-trobar leu. Studien zur Dichtungstheorie der Trobadors*, München 1968.

Mönkemeyer, Karin/Nordhoff, Inge: *Ein platonisches Verhältnis*, Hamburg 1995.

Müller, Johannes: *Schwert und Scheide. Der sexuelle und skatologische Wortschatz im Nürnberger Fastnachspiel des 15. Jahrhunderts*, Bern 1988.

Müller, Markus: *Minnebilder. Französische Minnedarstellungen des 13. und 14. Jahrhunderts*, Köln 1996.

Müller, Ulrich: *Minne ist ein swaeres spil. Neue Untersuchungen zum Minnesang und zur Geschichte der Liebe im Mittelalter*, Göppingen 1986.

Müller, Ulrich: *Heinrich von Morungen, Abbildungen zur gesamten handschriftlichen Überlieferung*, Göppingen 1991.

Müller, Ulrich: »Mechthild von Magdeburg und Dantes ›Vita Nuova‹ der erotische Religiosität und religiöse Erotik«, in: *Liebe als Literatur. Aufsätze zur erotischen Dichtung in Deutschland*, München 1983.

Neumann, F v.: *Deutscher Minnesang (1150 – 1300)*, Stuttgart 1991.

Pollmann, Leo: *Die Liebe in der hochmittelalterlichen Literatur Frankreichs*, Frankfurt a. M. 1966.

Popitz, H.: *Der Begriff der sozialen Rolle als Element der soziologischen Theorie*, Tübingen 1978.

Ranawake, Silvia: »Walthers Lieder der »Herzeliebe« und die höfische Minnedoktrin«, in: *Minnesang in Österreich*, Wien 1983.

Redon, Sabban, Serventi: *Die Kochkunst des Mittelalters. Wiederentdeckt für Genießer von heute*, Frankfurt a. M. 1991.

Renk, Herta E.: *Der Manessekreis, seine Dichter und die Manessische Handschrift*, Stuttgart 1974.

Rossiaud, Jacques: *Dame Venus. Prostitution im Mittelalter*, München 1989.

Salisbury, Joyce E.: *Medieval Sexuality. A Research Guide*, New York, London 1990.

Salmen, Walter: *Der Spielmann im Mittelalter*, Innsbruck 1983.

Schedulko, D.: »Klagen über den Verfall der Welt bei den Troubadours. Allegorische Darstellungen des Kampfes der Tugenden und der Laster«, in: *Neuphilologische Mitteilungen, Bd. 44* 1943.

Schenk, Holger: *Geheimnis, Illusion und Lust*, Hamburg 1995.

Schiendorfer, Max: *Die Schweizer Minnesänger*, Tübingen 1990.

Schmitz-Köster, Dorothee: *Liebe auf Distanz. Getrennt zusammen leben*, Hamburg 1995.

Schnell, Rüdiger: »*Hohe und niedere Minne*«, *Zeitschrift für deutsche Philologie, Bd. 98,* 1979.

Schnell, Rüdiger: *Causa amoris. Liebeskonzeption und Liebesdarstellung in der mittelalterlichen Literatur*, Bern 1985.

Schnell, Rüdiger: »›Die höfische Liebe‹« als Gegenstand der

Psychohistorie, Sozial- und Mentalitätsgeschichte« in: *Poetica*, Bd. *23*, 1991.

Schrötter, Willibald: *Ovid und die Troubadours*, Halle 1908.

Schultz, Alwin: *Das höfische Leben zur Zeit der Minnesänger*, Leipzig 1889.

Schweikle, Günther: *Minnesang in neuer Sicht*, Stuttgart 1994.

Schweikle, Günther: *Minnesang*, Stuttgart 1988.

Schweikle, Günther: *Mittelhochdeutsche Minnelyrik. Frühe Minnelyrik. Bd. 1*, Stuttgart 1993.

Schweikle, Günther: *Mittelhochdeutsche Minnelyrik. Der hohe Minnesang Bd. 2*, Stuttgart 1995.

Sichtermann, Barbara: *Weiblichkeit*, Berlin 1983.

Spechtler, Franz Victor: *Ulrich von Lichtenstein. Frauenbuch*, Göppingen 1989.

Sprai, Konrad W.: *Liebe, Lust, Frust. Über die Unfähigkeit der Männer, Frauen glücklich zu machen*, Berlin 1995.

Stemmler, Theo: *Schöne Frauen – schöne Männer. Literarische Schönheitsbeschreibungen*, Tübingen, 1988.

Stempel, Wolf-Dieter: »Mittelalterliche Obszönität als literarästhetisches Problem« in: *Die nicht mehr schönen Künste. Grenzphänomene des Ästhetischen*, München 1968.

Suchomsky, Joachim: »*Delectatio*« und »*utilitas*«. *Ein Beitrag zum Verständnis mittelalterlicher komischer Literatur*, Bern 1975.

Thomas, K.: *Sexualerziehung, Grundlagen, Erfahrungen und Anleitungen für Ärzte, Pädagogen und Eltern*, Stuttgart 1970.

Thurston, H.: *Die körperlichen Begleiterscheinungen der Mystik*, Luzern 1956.

Timm, Erika: *Die Überlieferung der Lieder Oswald von Wolkenstein*, Lübeck/Hamburg 1972.

Venus, Brenda: *Mach's besser Liebling!*, München 1995.

Warnke, Martin: *Hofkünstler. Zur Vorgeschichte des modernen Künstlers*, Köln 1985.

Wentzlaff-Eggebert, W.: *Deutsche Mystik zwischen Mittelalter und Neuzeit*, Berlin 1969.

Wenzel, Horst: *Typus und Individualität im Mittelalter*, München 1983.

Wieck, Wilfried: *Männer lassen lieben*, Stuttgart 1987.

Wießner, Edmund: *Die Lieder Neidharts*, Tübingen 1984.

Zitelmann, Arnulf: *Didaktik der Sexualerziehung*, Weinheim 1976.

Die Single-CD von Nikolai de Treskow *In Taberna* ist unter der Bestellnummer 0630-17512-2 erhältlich.